JN069204

きたみりゅうじ

令和改訂版

フリーランスを代表して申告と節税について教わってきました。

日本実業出版社

開講のおしらせ

源泉徴収票ってありますよね、源泉徴収票。サラリーマンをしていた頃は毎年もらっていたはずなのに、まるで中に書いてある数字の意味がわかんなくて、「なんだこりゃ、知らねーよ」なんつって、でもなんだか大事そうな紙の気もするから捨てるに捨てられず、どっか引き出しの奥にしまっていたアイツです。「支払金額」なんて欄を見ると、間違ってもそんな高い給与もらってねえぞーなんて金額が書いてあるし、じゃあ「給与所得控除後の金額」ってとこかと思えば、ここまで少なくはねえだろーって金額が書いてある。チンプンカンプンなわけです。

はやい話が、私って奴は税金ってもんのことをまったくわかってなかったわけです。でもそれですんじゃうの、サラリーマンの間はね。会社が全部やってくれるからね。

しかしいざ会社を飛び出してみれば、そんなわけにはいきません。私もイラストレーター兼ライター兼まんが家などという、「なんだそれはつまりお前はなんだなにが本職なんだウリなんだ?」というわけのわからん肩書きをひっさげて世間の荒海に漕ぎ出してみたら、やっぱり否応なく「税金」というもんを意識しないわけにはいかなくなりました。だって「払え」って直接自分に言われるんだもん、そりゃ意識もしますわね。払わないとタイホされちゃうんでしょ? 違うの? とにかくコワイコワイヒーだもの。

そうしてはじめて確定申告なんてもんをやるようになり、源泉徴収票に書いてある数字の意味がわかるようになり、「え、なにこの国はオレの稼いだ金を十万単位で搾り取ってやがるんだコンチクショー」と怒りにうちふるえるようになったのです。こんな金払ってたまるか、脱税だ脱税コノヤロー……とはなんないですけどね。なんせフリーになった初年度は稼ぎがしょぼしょぼだったので、税金もサラリーマン時代と違って「あ、これでよろしいわけですか、そうですか、すみませんねアハハハハ」ってぐらいの額しかなかったもんでアハハハハ……シクシク。

しかし、がんばって収入をあげてった先が「税金いっぱい払いなさいね」ではあまりに夢がありません。ちゃんと払うもんは払うにしても、払わんですむもんは払わんですむようにして、明るく楽しく愉快な未来をゲットしたいじゃないですか。それで、ちょっとは税金のことも勉強せねばと、ありし日のワタクシは書店へと走ったわけでありますよ。

びっくりですね。

いやまったくオドロイテのちタマゲマシタ。

イラストレーター兼ライター兼まんが家なんて肩書きを持つ私。そんな私に向けて書かれた税金の本ってもんは、どの書店を探してみても皆無だったのです。1冊とか2冊とかじゃなくて「0」。ナッシング。そりゃないよアナタと思わず泣き濡れたのは言うまでもありません。

え？　そりゃそんだけワケのわからん肩書き背負ってりゃないだろう？

いやいやそれがですね、「イラストレーター向け」ってのもないし、「ライター向け」ってのもないし、「まんが家向け」ってのもなかったんですよ。お店をかまえているような「個人事業主向け」ってのはいっぱいあったんですけども、そういったもんをいっさい持たない「フリーランス向け」な本というのはまるでなかったのです。

さてさて、この本の担当さんが「なにかいっしょにやりましょうよ」と声をかけてくれたのは、そんな泣き濡れた日から3年ほどが過ぎた頃でした。もうこの頃になると白色申告にも慣れ、なんとかごまかしごまかしで青色申告にも挑戦しはじめていた私。でもあいかわらずホントのところは、税金のことなんざこれっぽっちもわかってません。それでですね「これはチャンスだ」と、担当さんの熱意に乗じるカタチである提案をしてみたのです。

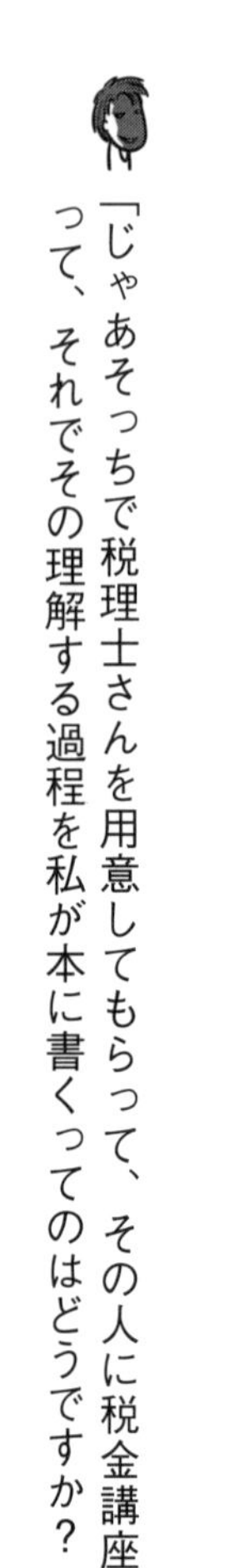

「じゃあそっちで税理士さんを用意してもらって、その人に税金講座を開いてもらって、それでその理解する過程を私が本に書くってのはどうですか？　ウッシッシ」

税金のことをタダで教わりながら、さらに印税もせしめてやろうという一石二鳥なオイシイ計画。いや、実にあくどい話です。半ば冗談のつもりな提案でした。

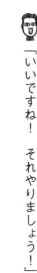

「いいですね！　それやりましょう！」

いいんかい！

あんまり即答なもんだから、思わず心の中でずっこけちゃいました。

それからしばらくすると、本当に話が進んで、いよいよ税理士のセンセーを紹介してもらうことにもなりました。それもなんとやってきたのは、多数の著書を持ち、専門学校で教鞭をとり、もちろん事務所もかまえるビシバシ一流どころの立派なセンセーだというのだからオドロキです。

「よろしくお願いします」

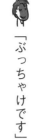

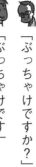

「あ、こちらこそ。とにかく節税重視のぶっちゃけた講義をお願いします」

「ぶっちゃけですか？」

「ぶっちゃけです」

ニヤリと浮かべる黒い笑いが好感触。なんだか同じニオイを感じます。

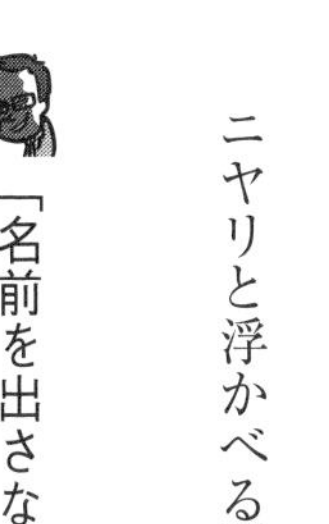
「名前を出さないならいいですよ、ウッシッシ」

「そこはもちろんですよ、ウッシッシ」

やっぱり黒くて好感触。

こうして棚からボタモチというかウソから出たマコトというか、そんな理由でスタートした税金講座計画は、黒い思惑をあたりに振りまきながら、いよいよ実施の運びと相成ったのでありました。

「いやぁよかったよかった。それじゃあお二人とも、よろしくお願いします！」

担当さんだけはさわやかに笑っています。

そんなこんなではじまる『フリーランスの笑うぶっちゃけ税金講座』。はてさてどうなりますことやらと若干の不安をはらみながらも、次ページよりめでたく開講です。

もくじ

令和改訂版 フリーランスを代表して
申告と節税について教わってきました。

第1章 税金ってなんぞや？

第2章 カシコクいこう社会保険

第3章 記帳業務はシゴトの家計簿

第4章 ムダなく納税の青色申告

第5章 知らずにすまない消費税

◎カバーデザイン／bookwall
◎カバー・本文イラスト／きたみりゅうじ
◎本文デザイン／ムーブ
◎本文DTP／一企画

第1章

税金って
なんぞや？

Section 1

一応おさえる税金の歴史

敵を知り、己を知ればなんとやら。税金だって、まずはその姿をちゃんと知らねば闘いようがありません。そんなわけで歴史です。固いですね。眠くなったらとばしましょうね。

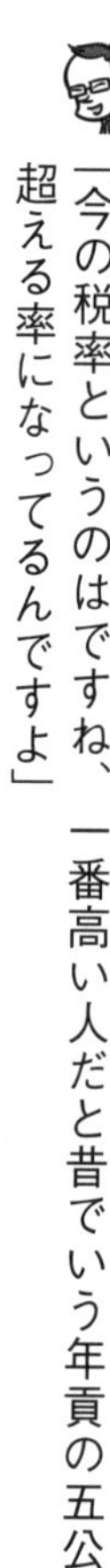

「今の税率というのはですね、一番高い人だと昔でいう年貢の五公五民をちょっと超える率になってるんですよ」

ほうほう、そうなんですか……って、それはなんですか、稼ぎの半分以上が持ってかれちゃうってことですか？　うそ!?

「所得税と住民税を足すとその税率になるんですよ。平成27年に改正が入るまでは、ちょうど五公五民と同じ率だったんですけどね。ちなみに昔だと、これが一揆のおきないギリギリのラインだったようです」

そりゃそうでしょう。稼ぎの半分が持ってかれちゃうなんて、聞いてるだけでも涙目です。

さてさて、遠く昔の江戸時代にまでさかのぼってみれば、今でいう税金なんてものは「年貢」というカタチでお上（かみ）に吸い上げられておりました。一揆だなんだってのはまさにこの時代のお話で、テレビの時代劇なんかを見ていると、「オラたちみたいな貧乏人は、あわやひえだけ食ってろっていうんだかー」なんて泣き濡れる農民さんの姿はお約束です。

これが明治の時代になってくると、税の法制化がなされて今のカタチへと近づきます。その後戦争のからみで「戦費調達だ、税金よこせやれよこせ」と源泉徴収なる制度ができあがり、今のカタチがほぼ完成。でも五公五民は変わってないなんて、なんとも涙がちょぎれるじゃないですか。

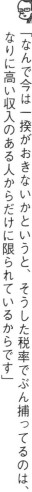

「なんで今は一揆がおきないかというと、そうした税率でぶん捕ってるのは、それなりに高い収入のある人からだけに限られているからです」

「ははぁ」

「それが**超過累進課税**という、所得税の特徴でもあります」

「累進？　もうかっただけ税金が高くなるんですか？」

「そうです。ちなみにさらに前だともっと高くて、7割以上取られるなんてのもありました。1億円稼いだ場合、7千万円以上が税金ということになります」

「うげ、むちゃくちゃだ。ああ、でもまぁ自分には関係のない世界か……」

そっか、世の中の大多数がそう思っていれば、とりあえず一揆はおきないぞっていうことだ。

「そういうことです」

昔々は
五公五民
といって
稼ぎの半分を
ぶんどられて
おりました
こ、これじゃあ
年が
越せねえだぁ
あんたぁ
ホゲー
ホゲー
ホゲー

今でも一部の
お金持ちサンは
稼ぎの半分を
ぶんどられて
います
ハタラケド
ハタラケド
ワガクラシ…
ジット
テヲミル…
ヒドイね
コリャ

でも、そうして
負担してくれる
人たちの
おかげで
日本経済は…
支出
80兆
税収
40兆
ドン

な、
なりたって
ないのか
ひょっとして
40兆円の
財政赤字
支出
80兆
税収
40兆
いいオチつけてくれるよなぁ
日本政府って……

Section 2

税金は引き算とかけ算で決まるのだ

「せっかくなので、超過累進課税についてもうちょっと掘り下げてみましょう」

さてさて、今は消費税も導入されて若干変わりつつあるとはいえ、日本の税制が所得税中心であることに違いはありません。で、その所得税というのは**超過累進課税制度**になっていると。

「収入が上がると税率も上がるってやつですよね」

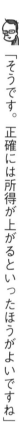

「そうです。正確には所得が上がるといったほうがよいですね」

「？」

どうやら所得税というのは、単に収入に応じてほにゃららされるもんではないみたいなのです。

会社をかまえて事業を興していれば違うのでしょうが、私のようにフリーランスでふらふらしている身だと、年の稼ぎというのは年に入ってきたお金だと勘違いして、ついつい「年収＝稼ぎ」なんて思いこんじゃう。しかし実際はそれって単なる「**売上高**」でしかないんですよね。それだけ売り上げるために、いろんな経費を使っているはず。なのにそれを考慮せずごっそり税金を取られたんじゃ「大赤字だ」なんてことになっても不思議はありません。それはおかしい。

「おー、なるほど」

「とくにカメラマンみたいな、経費率の高い業種だとしゃれにならないですからね」

そんなわけで、年の稼ぎを求める場合は、年収からもろもろの経費を差し引いて、年の稼ぎである利益を算出します。これが「**所得**」と呼ばれるものです。

そして、この利益にあたる**「所得」というのが「所得」税の対象となる**わけです。

実際にはもうちょっと世の中はやさしくできていて、子どもがいれば扶養控除、嫁さんがいれば配偶者控除、他にも基礎控除とか社会保険料控除とか、そうしたもろもろの控除を「所得」からさらに差し引けるようになっています。

「ということは……」

年の稼ぎ……売上(収入)－経費＝所得

税金の対象……所得－各種控除＝課税所得

所得税・復興特別所得税額の速算表

課税所得金額(A)		所得税率(B)	控除額(C)	税額＝(A×B−C)×102.1%
	195万円以下	5%	0円	{(A)×5%}×102.1%
195万円超	330万円以下	10%	97,500円	{(A)×10%−97,500円}×102.1%
330万円超	695万円以下	20%	427,500円	{(A)×20%−427,500円}×102.1%
695万円超	900万円以下	23%	636,000円	{(A)×23%−636,000円}×102.1%
900万円超	1,800万円以下	33%	1,536,000円	{(A)×33%−1,536,000円}×102.1%
1,800万円超	4,000万円以下	40%	2,796,000円	{(A)×40%−2,796,000円}×102.1%
4,000万円超		45%	4,796,000円	{(A)×45%−4,796,000円}×102.1%

＊円未満の端数が生じる場合には、切り捨てます。

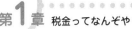

「……なんて式が成り立つわけですね」

「そうです。では右ページ下の表を見てください。先ほどの式で算出した課税所得額に対して、表にある税率をかけ算することで、最終的な税額というのが決まります。式にすると次のようになりますね」

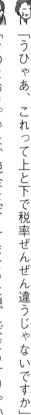

最終的な税額…課税所得×所得税率＝納付税額

「うひゃあ、これって上と下で税率ぜんぜん違うじゃないですか」

「そのとおり。では、税金を安くすまそうと思えばどうすりゃいいか……わかりますか？」

「あ！　そうか！　税率の低いとこで税金を払えってことだ」

つまり**いかにして「所得」を低く抑えるかってことが、節税を考えるうえでミソ**なわけです。最後のかけ算に入る前の、引き算部分でなんとかほにゃらしときなさいやってことですね。

「じゃあカンタンカンタン。収入を一部ばっくれたり、領収書をでっちあげて経費を水増しすればいいんだ」

「それは完全に犯罪だから、やっちゃダメ」

税金というのは
年に稼いだお金から…
売上

仕事のためにと
使ったお金を差し引いて…
サヨウナラー
経費

残ったお金に
税率をかけ算して求めます
オレのお金だ
ガルルル
×税率
所得

節税のポイントは…
ちいさくな〜れ〜
ちいさくな〜れ〜
×税率
ココ

Section 3

申告納税の基礎

ここ日本で納税だといえば、それは申告納税が基本となります。自分で自分の稼ぎを申告して、納税額を決めるってやつね。毎年お馴染みの確定申告を思い出していただければ話がはやいでしょう。ほんと毎年2月になると頭がいたいんですよ。未整理の領収書に囲まれながら、いつもひーひー言って徹夜で確定申告書を書くはめになって……って、まぁそれはいいか。つまりはそれが申告納税ってやつなわけですよ。

「ただ一部例外があって、サラリーマンは別なんです。あっちは会社がまとめて年末調整することで、納税が完結しちゃう……ってのがほとんどですから」

例外のほうが人口が多いというのもヘンな話ですが、とにかくサラリーマンは会社がやってくれるので、私らフリーランスみたいな2月のドタバタジタバタ悪戦苦闘絵巻とは無縁にできています。確かに会社勤めしていたときはそうだったなぁ……と、今にして思えばなんとうらやましい。

ところでこの、「一部例外である」ところのサラリーマンなのですが、そのサラリーマンたるゆえんというのは、「会社という存在がバックについているから」ではありません。「サラリー（給与）をもらう人」だからサラリーマンなのです。たとえば嫁さんがパートに出ていたり、子どもがアルバイトしたりで稼ぐお金も通常は「給与」。なので、じつは彼らもみんなサラリーマンなんですね。正確には、「**給与所得者**」という枠にすっぽりと収まるのです。

「派遣なんかの人でも、給与って形でお金を受け取っていれば、それは給与所得者ってことになりますすね」

そう、いくら本人が「私はフリーランスで派遣やってるもんね〜」と思ってたって、会社から支払われるお金が「給与」なら、それはサラリーマンと同じく「給与所得者である」ということになるのです。

「あれ？　サラリーマンが給与所得者なら、私らみたいなフリーランスの人間は何になるんですか？」

「**事業所得者**ってことになります。事業を行ない、その対価として給与ではなく報酬を得る人たちのことです」

つまり「給与を得る人」は「給与所得者」であり、会社がまとめて年末調整しちゃう人たち。いっぽう事業を行ない「報酬を得る人」は「事業所得者」であり、自分で申告しなきゃいけない人たち。そんな区分けができるわけです。ちなみに「給与」か「報酬」かというのは、大ざっぱに言って仕事の受け方によって決まります。時間給いくらいくらで働く場合は「給与」、この仕事いくらという出来高制で働く場合は「報酬」となるのです。

「ははあなるほど。でも結局は会社に所属すれば年末調整してもらえて、そうじゃなきゃ自分でやんなきゃいけないってことと大差ないんじゃないですか？　言葉の

定義がごちゃごちゃとあるだけで……」

「とんでもない」

「そうなんですか？　実務上の違いがあるようには、いまひとつ思えないんですけども……」

「ふむ。ではそれぞれ何ができて何ができないかをハッキリさせてみましょうか」

給与所得者というのはサラリーマンです。当然のことながら、サラリーマンなので経費という概念がありません。ただ、それにあたる控除は用意されていて、「給与所得控除」という形で一定額を収入金額から差し引いてよいことになっています。平均的サラリーマンの年収で、だいたい収入の約3割ってとこでしょうか。この給与所得者が医療費控除を受ける場合などに確定申告を行なうときは、原則として「白色申告」をすることになります。

では事業所得者はどうかというと、給与所得控除なんて便利なもんはありませんので、自前で領収書をせっせか集めて経費を算出することになります。ですから当然こちらには経費という概念が存在します。この**事業所得者が確定申告を行なう場合は、「白色申告」**

か「青色申告」かのどちらかを選択して行なうことになりますが、まぁ青色申告が妥当なとこでしょう。もっとも、青色申告をする場合には事前に申請を出しとかないとダメですけどね。

「……ということになるわけですか」

「そうです。大きくは『経費の扱い』と『青色申告を選択できるか否か』の二点が違うということになりますね。青色申告にすればそれだけで『青色申告特別控除』が得られたり、『赤字を持ち越す』ことができたりと特典が多いですから、これは結構大きな違いになります」

「でも、青色申告って難しいんじゃないですか？　税金関係の本をあさると、そんな手間をかけるくらいなら白色申告にしてその分働いたほうがまし……みたいな記事を見かけますけど」

「とんでもない！　青色申告にも『10万円控除』『55万円控除』『65万円控除』の三種類があって、後ろの2つは確かに複式簿記で帳簿つけたりしなきゃいけないですが、『10万円控除』だと**白色申告とほとんど違いはない**ですよ」

「ええー！」

そうなんです。じつは事業所得者にとっては、白色申告を選ぶメリットってなんにもないのです……というか、**白色申告ってもの自体になんのメリットもない**。あれは、それ以外を選択できない給与所得者が選ぶべきもので、そうじゃない人は視界から外しちゃってよいのです。

考えてみれば、日本の人口比率的には給与所得者のほうが圧倒的に多いわけで、当然税金関係の本というのもそっちを対象にしたほうが売れるに決まってます。流れとして「申告は白色で」となるのも、そんな現実が影響してるんでしょうきっと。

「あ、そうそう、そういや申告に行ったら、確定申告書に税務署員さんがバンってハンコ押してくれるじゃないですか。あれってやっぱり意味があるんですよね？　あのためだけに、いっつも郵送じゃなくて直接提出しに税務署まで行ってるんですけど……」

「あれは受け取りましたよーって証明なだけなので、それ以上の意味はなんにもないです」

「ぎゃふん」

サラリーマンは
給与所得者
経費NG
白色申告
ウチらフリーランスは
事業所得者
経費OK
青色申告
会社が年末調整してくれる
給与所得者と
違って…
あいよ
じゃ
ヨロシク
事業所得者は
ひー
自分で申告を
やんなきゃいけません
毎年、2月～3月の
申告シーズンは…
こりゃ
徹夜だよ
ちくしょー
キリギリス的性格な
自分を恨みます

Section 4

給与所得を知らずして控除の道はならず

　そんなわけで、事業所得者である私なんかは、白色申告ってものはスパッと忘れてしまったほうがいいと、そうなるわけですね。給与所得者のことなんかもう今となっては知ったこっちゃないもんねと。

「いや、それも違うんです。白色申告うんぬんはさておき、給与所得というものの扱いについては、ちゃんと頭に入れておいたほうがよいです」

「え？　そりゃまたどうしてですか？」

「まぁね、給与所得控除とかをごにょごにょするといろいろできるわけで……」

あ、センセの顔がみるみる黒くなっていく。

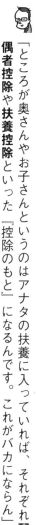

「ゲフンゲフン……あーそれはちょっとこっちに置いといて。いやいやあのですね、あのたとえば奥さんとかお子さんとか、そういった人たちがパートやアルバイトに行くと、給与をもらってくるわけですよ」

「そうなりますね」

「ところが奥さんやお子さんというのはアナタの扶養に入っていれば、それぞれ**配偶者控除**や**扶養控除**といった『控除のもと』になるんです。これがバカにならん」

「ああ、なるほど」

嫁さんや子どもというのは「控除」のもとなのです。「控除」というのは、「売上－経費」でもとめた所得から、さらに引いちゃってもいいですよ～という特典のこと。課税対象となるのはあくまでもこの「控除」を差し引いた後の金額に対してなので、「控除」が多ければ多いほど最終的な税額というのは少なくなる計算になります。

たとえば嫁さんがいれば「配偶者控除」がつくし、子どもがいれば「扶養控除」がつく。詳しい控除額は次ページの図を見ていただくとして、ざっくり言えば嫁さんや子ども一人につき38万円の控除を得ることができる感じです。

扶養控除と配偶者控除

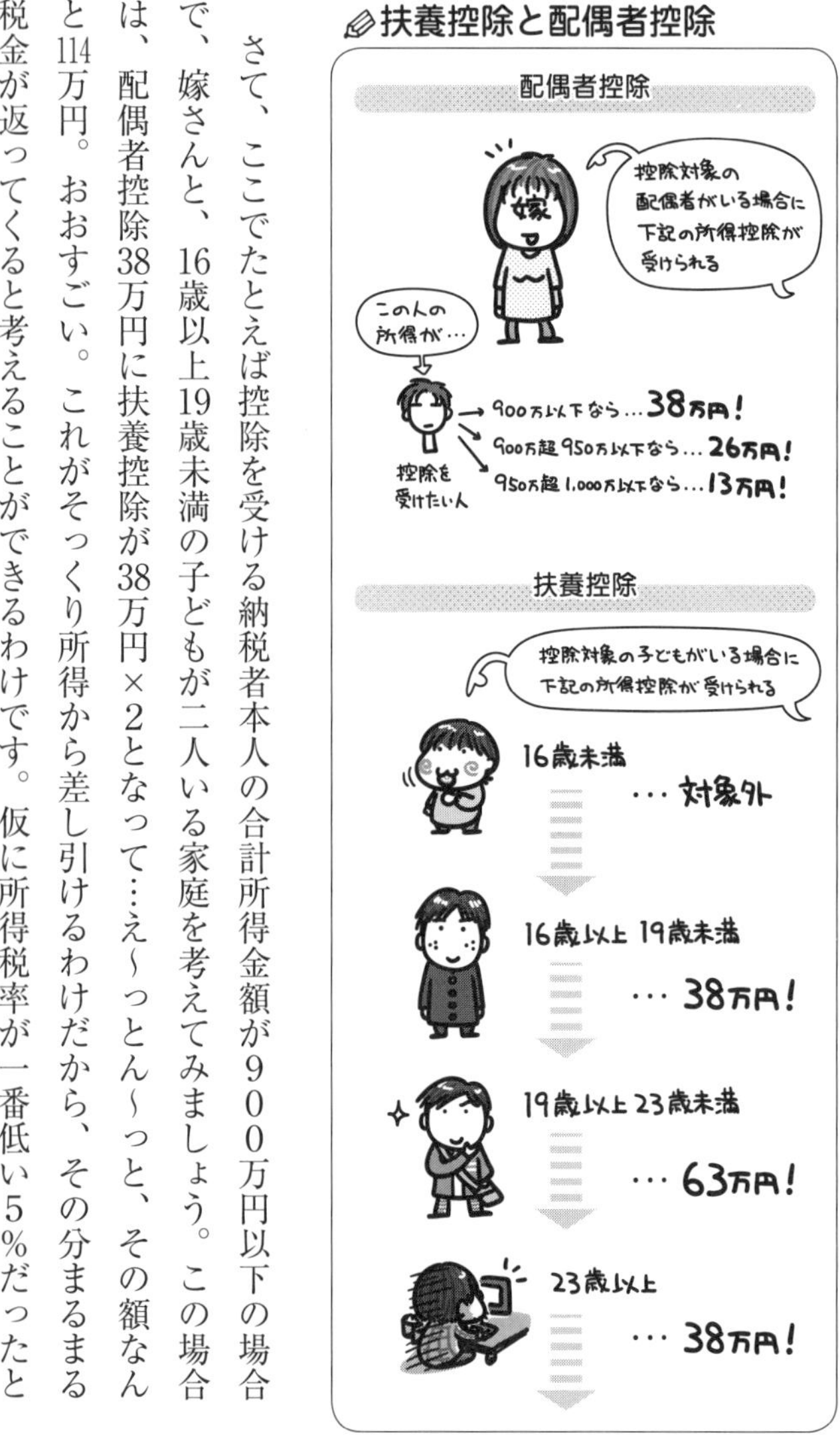

配偶者控除
控除対象の配偶者がいる場合に下記の所得控除が受けられる
嫁
この人の所得が…
控除を受けたい人
900万以下なら…38万円!
900万超950万以下なら…26万円!
950万超1,000万以下なら…13万円!
扶養控除
控除対象の子どもがいる場合に下記の所得控除が受けられる
16歳未満
…対象外
16歳以上 19歳未満
…38万円!
19歳以上 23歳未満
…63万円!
23歳以上
…38万円!

さて、ここでたとえば控除を受ける納税者本人の合計所得金額が９００万円以下の場合で、嫁さんと、16歳以上19歳未満の子どもが二人いる家庭を考えてみましょう。この場合は、配偶者控除38万円に扶養控除が38万円×2となって…え～っとん～っと、その額なんと114万円。おおすごい。これがそっくり所得から差し引けるわけだから、その分まるまる税金が返ってくると考えることができるわけです。仮に所得税率が一番低い５％だったと

すると、返ってくる税金は5万7千円。数字が細かくなってめんどくさいから復興特別所得税は無視するとして、さらに住民税も所得が減った分安くすむから、これが税率10％でその分の11万4千円がうくことになる。つまり両方を考え合わせると、それだけで年間なんと17万1千円もうく計算になるわけだ。

扶養控除計算例

① 114万円に対して生じる
所得税（税率5％の時）は…

114万 × 5％ ＝ 5万7千円

② 114万円に対して生じる
住民税は…

114万 × 10％ ＝ 11万4千円

これらの控除によって①と②の
税額が払わなくても良くなるので…

そしてもし税率がもっと上ならば、当然倍々ゲームでお得なことになっていく……と。

確かにこれはバカになりません。

「でも『扶養に入る』って？」

「そこで、給与所得の知識が出てくるわけですよ」

控除を受けるためには、嫁さんや子ども達が「扶養」されている状態でなきゃいけません。収入的に自立してるもんは扶養家族と見なされず、したがって控除を受けることもできないのです。まぁそりゃそうだわな。その「収入的に自立してるか否か」の境目というのが、税金関係の本で頻繁に目にする「**103万円の壁**」というやつです。

「結果的に103万円の壁なのですが、これも正しくは『合計所得金額が**48万円以下**』の人ということになります。その48万円がなんで103万円の壁になるかというと……ってとこが、給与所得控除の話なわけ」

給与所得控除というのは、ざっくり3割前後と前に書きましたけども、実際にはもっと細かくパーセンテージが決められているものです。そして最低控除額というのも決められていて、給与所得控除を受ける人は誰でも必ず**最低55万円**は控除されると決まっているの

※本人の合計所得金額が900万円以下で、配偶者の合計所得金額が95万円以下であれば、配偶者特別控除が38万円となります。これをもって、「150万円の壁（95万＋給与所得控除55万）」ということもできます。

です。「あらやだ、計算してみたら私の給与所得控除額ったら55万円より少ないわ」なんて人は、一律55万円が控除額だってことでかまわないよということです。

この必ず保証されている55万円という給与所得控除と、先の「合計所得金額が48万円以下」という条件とを合算すると……。

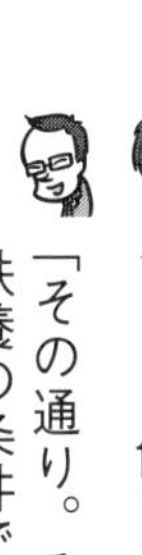

「それで103万円の壁っていうのができちゃうわけだ」

「その通り。その103万円の壁以上にパートやアルバイトで稼いでこられちゃうと、扶養の条件である『合計所得金額が48万円以下』というのが満たせなくなって、配偶者控除や扶養控除が受けられなくなってしまうのです」

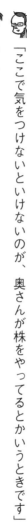

「なるほど～」

「ここで気をつけないといけないのが、奥さんが株をやってるとかいうときです」

「？」

「株で売買益が出てしまうとそれも収入と見なされちゃうので、パートで103万円ギリギリまで稼いでいたりすると……」

「あっ、壁を超えちゃうわけだ」

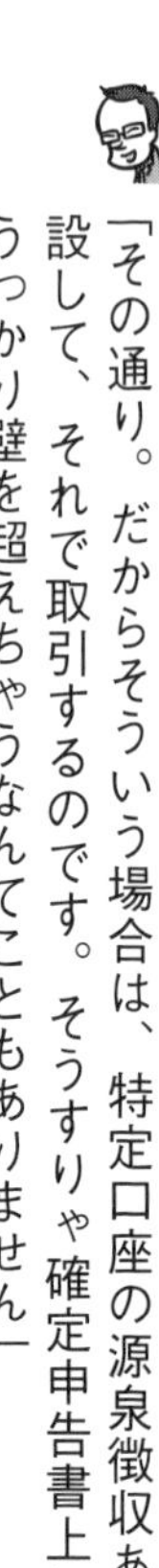

「その通り。だからそういう場合は、特定口座の源泉徴収ありという形で口座を開設して、それで取引するのです。そうすりゃ確定申告書上には出てきませんから、うっかり壁を超えちゃうなんてこともありません」

「おお～」

なるほどなるほど、確かにいろんな控除のことを考えると、給与所得控除なるものは覚えておいたほうがよさそうです。しかし……。

「それはそれでよくわかったんですけど、さっきのセンセが垣間見せた黒い顔ってなんだったんですか？　あれがとっても気になるんですけど……」

「ん？……ああ、あれね。あ～…と、たとえば法人化したりするとね……」

たとえば私が法人化して、会社として仕事を受けるようにした場合、今まで個人でつけていた経費は当然会社でつける形にかわります。同じ売上があったとして、同じ経費を使ったとしたら、残る利益はまったく同じ。でもそのままだと会社にお金はあるけど私のもとには一銭もない。給与という形で私にお金を払ってもらわなきゃ、牛丼ひとつも食えやしないのです。つまりこの場合、私個人の立場というのは「法人から給与を受け取るサラリーマン」というものに変わります。そうすると、私の給与分には給与所得控除が適用されることになるのです。

あら不思議。同じ売上があって、同じ経費を使ったはずなのに、さらに給与所得控除分の経費が結果的には積み増せる形となって、税金はお安くなるよという寸法なのです。

「まぁ、法人税は原則として一律23・2％って税率なんで、所得が低いうちは個人よりもこっちのほうが税金高いんですよね。それで一概にいつも得になるとは言い切れないんですけど、でもいろんなやりようがあるんですよということです」

なるほどなるほどと、じつに目からウロコな話じゃないですか。

「じゃあセンセ！　私なんかはどうしたらもっと税金が安くなりますかね⁉」

「ん？　ああ……、アンタの収入程度じゃなにやったたっていっしょだよ」

「ゲフンゲフン」

Section 5

税金は安けりゃいいってもんじゃない

「ところで知ってましたか？　税金って、安くすめばそれでいいことずくめ……ってわけじゃないんですよ？」

「やだなぁ、いくらボクでもだまされないですよ」

どうもこのセンセイ。私が無知だと思ってか、油断するとトンデモナイことを言いはじめてくれるもんです。安けりゃいいわけじゃないって、んなことないでしょ。払うもんが少なくすむわけだから、安きゃ安いほどいいはずですよ。ノータックスヘブン万歳アイラブマネーベリマッチアイシンクソーですよ。

あ、でもあれかな。税金をみんながしっかり払わないと、行政がとどこおって結果的に生活が困ることになるんですよってのを言ってるのかな。

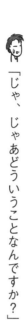

「ふっ、そんな青い話をわざわざ私がするわけないでしょう」

うお、黒い。真っ黒だ。

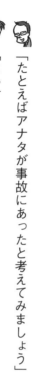

「じゃ、じゃあどういうことなんですか？」

「たとえばアナタが事故にあったと考えてみましょう」

「はぁ」

あるところに、キタミというフリーランスのだらけた若者がおりました。キタミくんはでたらめな仕事で1千万円を荒稼ぎして、さらに経費もガンガン水増しして、毎年所得が0円になるよう申告していました。所得が0円なので当然税金も0円です。奇跡的に税務署の調査が入るようなこともなく、浮いた税金分を使って彼は毎晩ビールを……それも発泡酒ではなくエビスビールを飲んで、幸せにすごしていたのでした。

そんなある日のこと、彼は事故をやってしまいます。もっとも悪いのは100％相手のほうなので、キタミくんは一方的に補償を受けるだけの話です。ただけっこうなケガをしてしまったので、彼はしばらく入院しなきゃいけないことになりました。病院暮らしは退屈です。ですが考えようによっては休息するいい機会かとポジティブシンキング全開にして、休業補償でももらいながらのんびり病院暮らしを満喫してればいいやと考えておりました。

……ところが。

「いくら売上が1千万円あろうとも、所得は0円なわけだからアナタの稼ぎも0円なわけ。つまり休業したって損失出ないんだから、補償すべきお金もありません……と」

「え……？　ええええええええええ!!」

「そういやローンも組めませんねぇ。収入のない人は普通に考えりゃ返すアテもない人なんだから、そりゃ貸してくれるわけがないですよね。即金で買えばいい話なんだけど、なかなか住宅とかだとそうもいかないでしょう」

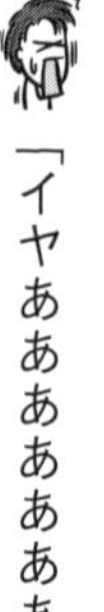

「イヤあああああああ」

「つまりはそういうことなんですよ。税金ってのは所得があるから払うもの。逆の見方をすれば税金を払ってるってことは、それだけの所得がある証明だってことにもなるんです」

そして会社という後ろ盾のないフリーランスには、そうした「税金を払ったことによる証明」というのが、信用をつちかうために残された数少ない手段のひとつである……と。

「確定申告書って、フリーランスの人にとってはサラリーマンの源泉徴収票みたいなものなんですよ。所得を証明するためには欠かせない書類で、その証明のために所得なりの税金を納めている必要があるんです」

だから税金は「安けりゃいいって話じゃない」となるわけか。

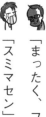

「まったく、フリーランスで生きていながらつくづく青いですね」

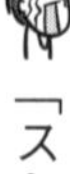

「スミマセン」

税金を
キチンと納めたと
オオサメ
クダサイ
いうことは…
このんは支払ってる
税金からいって
確かに
コレコレこーいう
収入の
あるんです
日本国
…なんてお墨付きを
もらったも同然です
マイホーム用に
住宅ローンを
組む時も…
突然おきた
事故の補償を
うけるときも…

自分の収入を
証明するために
は、払ってて
よかったぁ…
欠かせないのが
税金という奴なのです

Section 6 いろいろあるぞ税の種類

さて、税金とひとくちに言ってみても、それは所得税だけを指し示すわけではありません。**住民税**や**事業税**、**固定資産税**に**消費税**。そうそう、法人になれば**法人税**なんてのも出てきます。なんだかいろいろあるわけですが、それって全部「払え」と言われる類(たぐい)なもんなのでしょうか。

「うーん、じゃあ法人税はとりあえず置いておくとして、それ以外の税金についてざっとふれておきましょうか」

「はい、よろしくお願いします」

◎**所得税**

「まずはいわずと知れた所得税」

「まさにいわずと知れてますね」

所得税はこれまでさんざんふれてきたように、個人の所得に対して課税される税金です。確定申告のときにガシガシ数字を書き込んではじき出す税額がつまりはこれのこと。そのため税金とだけ言ったときは、たいていコイツが頭に浮かびます。

所得額に応じて税率が上がる「超過累進課税」方式なので、先ほども出た下の表の法則に基づいて税率が決まります。

「なんか**控除額**とかいうのがありますね」

所得税・復興特別所得税額の速算表

課税所得金額（A）	所得税率（B）	控除額（C）	税額＝（A×B−C）×102.1％
195万円以下	5％	0円	{(A)×5%}×102.1％
195万円超　330万円以下	10％	97,500円	{(A)×10%−97,500円}×102.1％
330万円超　695万円以下	20％	427,500円	{(A)×20%−427,500円}×102.1％
695万円超　900万円以下	23％	636,000円	{(A)×23%−636,000円}×102.1％
900万円超　1,800万円以下	33％	1,536,000円	{(A)×33%−1,536,000円}×102.1％
1,800万円超　4,000万円以下	40％	2,796,000円	{(A)×40%−2,796,000円}×102.1％
4,000万円超	45％	4,796,000円	{(A)×45%−4,796,000円}×102.1％

＊円未満の端数が生じる場合には、切り捨てます。

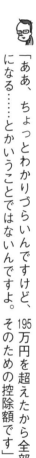

「ああ、ちょっとわかりづらいんですけど、195万円を超えたから全部の税率が10%になる……とかいうことではないんですよ。そのための控除額です」

「は？」

「たとえば所得が200万円の人なら、この表だと税率は10%だということになりますよね」

「はい」

「それだと普通に10%で計算すると、税金は20万円だということになる。195万円の人が払う税金は9万7千5百円なのに比べてえらい差が開きますよね」

「いきなり2倍ですもんね、つらいですよねぇ」

「だから、そうならないための控除額なんですよ。ようするにね、**195万円を超えた部分だけ10%の税金を払ってくださいね**……ってことなの」

20万円から9万7千5百円を控除額として差し引くと、残る税額は10万2千5百円。なるほど、195万円までを5%税率で計算して（9万7千5百円）、195万円を超えた部分（5万円）を10%税率で計算して（5千円）、両者を足せば確かに10万2千5百円です。

「これが顕著に出るのが330万円あたりの10％から20％に分かれるラインなんですけどね。それを境に2倍になると勘違いする人がたまにいて、所得が331万円のときになんとか1万円ごまかそうとしたりすることがあるんですよ。実際は飛び出た1万円部分が20％になるだけなので、税額にしたら千円程度の違いなのにね」

「……ギクリ」

◎住民税

「次は住民税。これも所得税と同じく、所得に応じて税額が決まります」

先の所得税が国に納める税金なのに対して、こちらの税金は「都道府県と市区町村」に納める税金となります。ようするに住んでる地域に納める税金だってので住民税なわけですね。

「でもセンセイ、県とか市とか、分けて払った覚えないですよ？」

「これはですね、市区町村にまとめて払えば、その先で勝手に分けてくれるんです。

なので払う側がそれを意識することはまずありません」

住民税の税率は、下の表にもあるように**全部一律で10％**。所得税とは違い、所得の増減によって税率が変化するということはありません。

「税率うんぬんも大きいですが、住民税が所得税ともっとも大きく違うところは、こっちの税金は後払いだってことですね」

「そうそう次の年度に請求がくるんですよね。源泉徴収されてた分の還付金が入ったと喜んでたら、すぐにこの納付書が届くもんだからいっつも泣きそうになります」

住民税のしくみ

都道府県民税

課税される所得金額	税率
一律	4%

市町村区民税

課税される所得金額	税率
一律	6%

→ 住民税は一律10%

◎事業税

「事業税は事業を営んでいる人が納める税金で、これも所得に応じて税額が決まります」

ただし所得税と違って、税率は累進課税ではありません。事業内容によって下表のように第一種事業、第二種事業、第三種事業と区分けされており、その区分によって税率が決まります。

税額の計算方法は基本的に所得税と同じ。ただ、事業税の場合は「**事業主控除額**」といって290万円の控除が認められています。なので**所得が290万円を超えていなければ税金はかかりません**。

課税対象事業の種類と税率

区分	税率	事業
第一種事業	5%	物品販売業、保険業、金銭貸付業、物品貸付業、不動産貸付業、製造業、電気供給業、土石採取業、電気通信事業、運送業、運送取扱業、船舶ていけい場業、倉庫業、駐車場業、請負業、印刷業、出版業、写真業、席貸業、旅館業、料理店業、飲食店業、周旋業、代理業、仲立業、問屋業、両替業、公衆浴場業(第三種事業に該当するもの以外)、演劇興行業、遊技場業、遊覧所業、商品取引業、不動産売買業、広告業、興信所業、案内業(通訳案内業を除く)、冠婚葬祭業
第二種事業	4%	畜産業、水産業、薪炭製造業
第三種事業	3%	助産師業、あん摩、マッサージ、指圧、はり、きゅう、柔道整復、その他の医業に類する事業、装蹄師業
	5%	医業、歯科医業、薬剤師業、獣医業、弁護士業、司法書士業、行政書士業、公証人業、弁理士業、税理士業、公認会計士業、計理士業、社会保険労務士業、コンサルタント業、設計監督者業、不動産鑑定業、デザイン業、諸芸師匠業、理容業、美容業、クリーニング業、公衆浴場業(銭湯)、歯科衛生士業、歯科技工士業、測量士業、土地家屋調査士業、海事代理士業、印刷製版業

「あれ？　センセー、私これ払ったことないですよ」

「ん？　ああ、だから所得が290万円を超えてないいんじゃないの？」

「去年は超えてたと思うんですけど……」

「ん？　あ、そうか。アナタは文筆業だから税金かかんないのよ。ほら、先の表の中に文筆業って事業はないでしょ？」

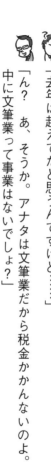

「ええ!?　たったそれだけの理由で税金かかんなかったりするんですか!?　じゃ、じゃあ私がちょっと横文字がかっこいいからって理由でデザイン業とか申告してたら、この事業税が取られてたの？」

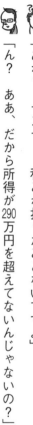

「そうですよ〜、その点ラッキーでしたね〜」

「こ、こわ〜、なんじゃこの税金」

◎固定資産税

「はいはい、次は固定資産税。土地とかに絡んでよく聞く税金ですが、他の固定資産にもじつはちゃんと課税されます」

固定資産というのは、今減価償却中の資産たちを思い浮かべりゃいいでしょう。あの償却資産たちにもしっかり税金がかかるんですね。なんてニクらしい。ちなみにコイツの税率は「1・4％」で、それを「固定資産の評価額」にかけることで税額が決まります。

「ただね、自動車とかは自動車税で税金取っちゃってますから、それは固定資産税の対象外になるんですよね」

ほうほうなるほど。

「ところでセンセー、これも私、払ったことないんですけど」

「これは免税点となる金額が定められていて、償却資産については**未償却残高が合計で150万円以上の場合だけ課税される**んです。だからでしょう」

「あ、なるほど。確かに自動車を取っ払ったら、あとはそんなにありませんね」

「だからね、償却資産に関しては償却残を常に意識して、この免税点を超えないようにごにゃごにゃするのが大事なわけですよ、クックックッ」

「了解です、イッヒッヒッ」

◎消費税

「今度は消費税。日常生活で買い物する時にいつも払ってるものだから、馴染みは深いと思います」

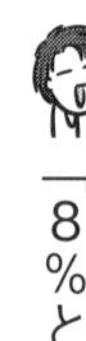

「8%とか10%とか取られるやつですよね」

普段私たちが買い物するときに払っている消費税。あれは、決してお店の人に払ってるわけじゃなくて、お店の人が代行して徴収してるだけなのです。なので、そうやって集めたお金はちゃんと国に納めなきゃいけませんよとなる。これはお店だけの話でなく、イラスト描いたり文章書いたりで受け取る私らフリーランスの売上も同じこと。集めたお金はちゃんと国に納めなさいよと言われてしまうのです。

「ようするに、アンタの売上のうち10%は消費税でしょ？　こっちに寄こしなさい

やと言われるわけですね」

実際は、簡易課税とか原則課税とかで計算の仕方が異なりますし、経費で払った分の消費税額と相殺したりもできるので、ここまで単純な話ではありません。でも原則としてはそんな感じ。

「えええっ!? そんな、消費税分なんて別途もらったりしてないですよ！ 印税だって本体価格から計算されて振り込まれるもんだし」

「まぁ、**売上が1千万円超えない限りは、原則として**『**免税事業者**』**ってことになって課税されません**から、それで助かってたんでしょうね。でも本当は免税事業者であっても、キチンと消費税分はクダサイねと言ってかまわないんですから、ピーチクパーチク泣きを入れるくらいであれば、最初からそういった契約にしとかないといけないいんですよ？」

「了解です……けども、先方が応じてくれるかなぁ」

所得に対して課税される…
所得税
住民税
事業税

資産に対して課税される…
固定資産税

売上に対して課税される…
消費税

とかくこの世は税金だらけ
こ、こんだけしか…残らないので
くわばらくわばら

第2章

カシコクいこう 社会保険

Section 1

社会保険の種類

税金と同じく、なんだか「むしり取られている」ような錯覚におちいりがちなのが社会保険料。毎日爪に火をともしながら生きてるというのに、健康保険とか年金とか、なぜこうも無慈悲に請求書を送りつけてきやがるんだと叫びたくなったのは一度や二度ではありません。高いんですよねぇどれもこれもいちいちさぁ。

あ、そういや今期分の住民税まだ払ってなかったな。はぁ…払ってこなきゃ……。

「ふむ、なんだかうなだれてますね。じゃあ社会保険まわりもちょっとお勉強しましょうか」

「え、センセー社会保険のこともわかるんですか？」

「あたしゃ社会保険労務士の資格も持ってんですよ。それでまぁイロイロとね。ふっふっふ」

「じゃ、じゃあさっそくお願いします」

社会保険とひと口にいっても、その中には健康保険であったり介護保険であったり雇用保険であったり労災保険であったりさらには年金保険であったりと、まぁいろんなものが含まれています。その中で特に直接フリーランスに関係するものといえば「**健康保険**」と「**年金保険**」の二つ。会社を辞めたら途端に負担が増えちゃって、しゃれにならないんですよねぇコイツらが。

ところでこの健康保険、正確には**健康保険**と**国民健康保険**の二つに大別されます。

「なにが違うんですか?」

「基本的には、サラリーマンなど雇われの身である人が『健康保険』に加入します。雇われといっても、社長さんなんかもそれに含まれるんですけどね。後はこれに加入する資格を持たないフリーランスな人が、『国民健康保険』に加入することとなります」

年金のほうはこの健康保険とほぼワンセットになっていて、「健康保険」加入者は「厚生年金」に入り、「国民健康保険」加入者は「国民年金」に入ることになります。そんなわけで、通常**フリーランスの人というのは、「国民健康保険」と「国民年金」とに加入する**ことになるわけです。

「フリーランスの人には、基本的に『健康保険』か『国民健康保険』かという選択肢はありません。ただ、脱サラなんかでフリーランスになりたてですというときは、例外的に**任意継続**という手を使うことで、サラリーマン時代と同じ健康保険に継続加入することができます」

任意継続というのは、サラリーマン時代に入っていた健康保険を、退職した後も2年間だけ継続して加入することができますよという制度です。もっとも、会社が負担してくれていた分も自分で払わなきゃいけなくなるため、保険料負担は当然はね上がることになります。倍ですよ倍。私なんかも脱サラしてフリーランスになるぞってときはこの制度を利用したんですけども、その保険料を見たときに思わず鼻血が出るかと思いました。

「それでも国民健康保険に乗りかえるよりは安くすむ……というケースが多いから、それを選択するわけですけどね」

「そうなんですよね」

ただフリーランスの初年度なんかはボロくそに収入が低かったもんで、次の年になれば国民健康保険に乗りかえたほうが断然安くなるってところがややこしい話でした。……というのもこの制度、私のとこだけかもしれませんが、「いったん継続加入すると決めたからには、2年間入り続けること」※なんてうたわれていたからです。ただ、「保険料を一度でも滞納した場合は、即座に資格を喪失します」なんて条項もあって、あれれなんだか矛盾があるような……という内容でしたけど。

「だから本当は、2年目になって以降は国民健康保険に乗りかえたかったんですけどねぇ。でも辞めるって言う度胸がなくて、結局1年間は高い保険料をガマンして払っちゃいました……」

「そんなもん支払いが滞ったら即資格喪失って向こうが言ってるんだから、一回支払い止めちゃえばあっさりすんだ話なのに」

※令和4年1月からは、健康保険の「任意脱退」ができるようになりました。脱退の申し出が受理された翌月から健康保険を辞めることができます。

「あ、そっか」

さすがセンセイは腹黒い。ちなみにこうした社会保険料ってやつは、まるごと「**社会保険料控除**」ってものに算入することができます。そ、国民健康保険のお金も国民年金のお金も、払った分は丸ごと所得から差し引けちゃうの。当然その分税金もお安くなるわけで、これは見逃せないメリットなのです。

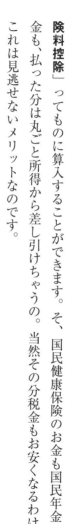

サラリーマンは
健康保険と
厚生年金
会社が半分
負担してくれてます
フリーランスは
国民健康保険と
国民年金
全額自腹で
キリキリ払え
サラリーマンに
慣れてると
これがオレの
保険料か…
ドレドレ
フリーランスになった時、
健康保険料を見て…
……
鼻血が出ます
プッ

Section 2 健康保険の基礎知識

さてフリーランスの場合、基本的に加入するのは「国民健康保険」となるので、ここではズバッとそちらに絞って話を進めていきましょう。

「国民健康保険というのは、**世帯単位で加入する**ものです」

国民健康保険の保険料は、世帯全員の年間収入によって決まります。その算出方法は地域によって異なるので、「これこれこーだ」とはいちがいに言えないのですが、市役所に行って「オレっていくらになんのー」と聞けばすぐに教えてくれます。なんなら電話でも

ＯＫですので、知りたきゃ直接聞いちゃいましょう。

「今はサラリーマンの健康保険も医療費の自己負担が３割になっちゃったから、もうほとんど両者に差ってないですよね？」

「う〜ん、そうだとも言えるし、そうでないとも言えますね。差が減ったことは確実ですが、相変わらず違いがあることはあるんですよ」

「え？　そうなんですか？」

国民健康保険の保険料は年間収入によって決まりますが、それですべてが決まるというわけでもありません。扶養者の数によっても変わってしまうのです。一人あたりいくらという形で保険料が増える仕組みなんですね。

ところがサラリーマンの健康保険では被扶養者に対して保険料はかかりません。年間収入（所得ではない）が130万円未満であれば、被扶養者として無料で夫の保険などに加入することができるのです。しかもこのときの保険料は会社が半分もってくれるわけだから、当人の負担も当然お安くすむわけで……。

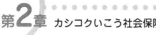

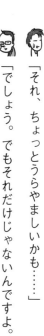

「それ、ちょっとうらやましいかも……」

「でしょう。でもそれだけじゃないんですよ。傷病手当金ってものも、国民健康保険にはないのですす」

傷病手当金とは、病気や怪我によって働くことができなくなり、かつその間賃金の支給を受けることができない状態になったときに支払われるものです。その額なんと標準報酬月額の3分の2。標準報酬月額の中には交通費や残業代なんかも含まれますから、それなりに立派な手当てが支給されるわけです。

「そ、それってフリーの人にこそほしいものじゃないですか！」

「そうなんですよ。これが結構知られてないけど大きな違いなんですよねぇ。しかも支給期間が1年6か月だってんだから、至れり尽くせりなんですよコレ」

「い、い、いちねんろっかげつ〜？」

保険料が半額負担ですんで、家族が増えても値上がりなくて、さらにいざというときの備えもあるのがサラリーマンの健康保険。んでもって、そんな何もないのが国民健康保険。なんか書いててむなしくなってきましたが、確かに依然として大きな違いはあるようです。

「ま、まぁ……ないものはしょうがないですからね。ないものはね」

「そうですね、いずれ法人化を目指したときにでも思い出してください」

「はい、そうします」

ところでこうした保険料負担で何が困るって、毎年収入によって増減するというのが一番困りものだったりします。というのも、こいつがフラフラと増減してくれるせいで、月の生活費がいまひとつ計算しづらいんですよね。

「まぁ、保険料の内訳には医療分負担と介護分負担とがあるんですけど、そのうちの医療分負担については年間の上限額は82万円※（令和2年度）ねと決まってますから、そこまで収入が行っちゃえばイヤでも定額なんですけどね」

※令和4年度は85万円となる予定です。

「それはそれでイヤ過ぎです」

「はっはっは、そんなときは**国保組合**を検討するとよいですよ」

「国保組合？」

国保組合とは、職能団体などが互助会的側面を持って運営している国民健康保険の組合です。こうした組合は全国に139あり、その多くが定額の保険料をうたっています。

「アナタの場合だと、**文芸美術国民健康保険組合**なんかが該当しそうですね」

「あ、ほんとだ。しかもこっちのほうがむちゃくちゃ安くなる！」

それぞれの組合によって加入条件が異なるため、そもそも入れるかどうかという問題はありますが、もし入れるのであればこれを活用しない手はありません。次の表はそうした組合の一覧から、フリーランスに関係しそうなものを抜粋したものです。自分が該当しそうな組合があれば、一度問い合わせてみるとよいでしょう。

フリーランスに関わる主な国保組合

国保組合名称	特徴および加入資格	保険料	連絡先
文芸美術国民健康保険組合	日本国内であれば地域を問わず、文芸、美術および著作活動に従事している人とその家族のための健康保険。 加入に際しては、日本国内に住所を有していれば地域を問わないが、組合加盟の各団体の会員であることが必要。加盟団体には日本グラフィックデザイナー協会や日本漫画家協会の他、いけばな協会などもあり、その加盟団体(令和２年８月時点で68団体)は多岐に渡る。そのため、ほぼすべての著作活動を網羅しているといえる。	組合員： 19,900円 家　族： 10,600円 満40歳から64歳までの被保険者は、介護保険料として4,300円が、それぞれに加算される。	TEL: 03-5807-3551 FAX: 03-5807-3554 URL:http://www.bunbi.com/
東京芸能人国民健康保険組合	東京近郊にて、芸能関係の仕事に従事している人のための健康保険。加入できる住所地は、東京都(島嶼をのぞく)、神奈川、千葉、埼玉の各県で、住民票がそこにあること。職種としては実演家(俳優や演奏家、モデルなど)、映画・演劇・放送・イベント・コンサート・レコードおよびテープなどの制作スタッフや専門技術者が対象となるが、組合員の推薦が必要。また、団体に所属していない場合は、組合組織の「東芸国保個人加入機構」の登録・審査による個人加入となる。	所得に応じた所得割と世帯割、均等割で決定。 毎年、保険料を決定するために、住民税の納税通知書または課税証明書の提出が必要となる。	TEL: 03-5379-0611 FAX: 03-5379-0613 URL:http://geino-kokuho.sakura.ne.jp/
京都芸術家国民健康保険組合	京都在住の芸術家、伝統工芸家の“健康を守るため”に創設された公法人。加入できる区域は、京都府内全域および大阪府・兵庫県・滋賀県・奈良県の一部地域で、芸能・美術・工芸・伝統工芸の他、デザイナー・CG・音楽・映像・HP企画制作請負などの個人事業主が対象となる。	所得に応じた所得割と世帯割、均等割で決定。 毎年、保険料を決定するために、住民税の納税通知書または課税証明書の提出が必要となる。	TEL: 075-222-1377 FAX: 075-222-1378 URL:http://geijutsuka-kokuho.jp/

※上記はあくまでも一例であり、国保組合にはこの他にも、関西在住の方を対象とした「大阪文化芸能国民健康保険組合」や、おもしろいところでは花街の舞妓さんや芸妓さんが加入する「京都花街国民健康保険組合」などなど様々な組合が存在します。これらの組合は（一社）全国国民健康保険組合協会によって統括されており、そのWEBサイト（http://www.kokuhokyo.or.jp/）では加入組合の一覧（およびリンク集）が公開されています。もっと他にも何かないのかと探したい場合にはそちらをご覧ください。

※保険料・連絡先は令和2年10月現在のものです。

もっとも、保険料が定額だからといって、必ずお得になるとは限りません。ここでは文芸美術国民健康保険組合の場合の計算例をいくつか載せておきますので、自分がどのケースに該当するか参考にしてください。

健康保険組合の計算例

30代男性で、年に600万円の売り上げがあったと仮定して、
その時の経費率を給与所得控除と同じで計算してみた場合、
それぞれ次の家族構成で保険料はどうなるか……

被扶養者の数と年収によってどちらが得になるかが変わります

CASE 1 … 独身世帯

世帯の被扶養者数
→ 0人

文芸美術国民健康保険組合の場合	国民健康保険の場合
組合員の保険料 19,900円 家族の保険料 10,600円 ×0 上記を合算して月額は… 19,900円 そうすると保険料は年間で… 238,800円	年間の所得はいくらかというと… 年収 600万円 − 給与所得控除額 約164万円 (年収×20%+44万円) − 社会保険料控除 約62万円 − 基礎控除 43万円 − 配偶者控除 0万円 − 扶養控除 0万円 所得概算 331万円 この場合の住民税額は… 331,000円 そうすると保険料は年間で… 333,430円 ※千葉県千葉市の場合 ※住民税の各種控除額は所得税とは異なります

文芸国保が約10万円おトク!!

CASE 2 … 夫婦2人世帯

世帯の被扶養者数
→ 妻 = 1人

文芸美術国民健康保険組合の場合	国民健康保険の場合
組合員の保険料 19,900円 家族の保険料 10,600円 ×1 上記を合算して月額は… 30,500円 そうすると保険料は年間で… 366,000円	年間の所得はいくらかというと… 年収 600万円 − 給与所得控除額 約164万円 (年収×20%+44万円) − 社会保険料控除 約62万円 − 基礎控除 43万円 − 配偶者控除 33万円 − 扶養控除 0万円 所得概算 298万円 この場合の住民税額は… 298,000円 そうすると保険料は年間で… 329,590円 ※千葉県千葉市の場合 ※住民税の各種控除額は所得税とは異なります

文芸国保が約4万円の損!!

CASE 3 … 家族4人世帯

世帯の被扶養者数
→ 妻 + 子ども2人 = 3人

文芸美術国民健康保険組合の場合	国民健康保険の場合
組合員の保険料 19,900円 家族の保険料 10,600円 ×3 上記を合算して月額は… 51,700円 そうすると保険料は年間で… 620,400円	年間の所得はいくらかというと… 年収 600万円 − 給与所得控除額 約164万円 (年収×20%+44万円) − 社会保険料控除 約62万円 − 基礎控除 43万円 − 配偶者控除 33万円 − 扶養控除 66万円 所得概算 232万円 この場合の住民税額は… 232,000円 そうすると保険料は年間で… 294,140円 ※千葉県千葉市の場合 ※住民税の各種控除額は所得税とは異なります

文芸国保が約33万円の損!!

※試算結果はあくまでも試算であり、実際の保険料額とは異なる場合があります。

前年の収入に
応じて
保険料
年度
保険料が増減する
国民健康保険

おかげで
がんばった翌年は…

ハタライテモ
ハタライテモ

ドン

ゼイキント
ホケンリョウニ
キエテイキヤガル…

保険料を見て
ブルーになることも
少なくありません

そんな時に助かるのが

みんなで

タスケ
あおーー

職能団体などで
運営される国保組合

割安な保険料で
しかも定額

タスカッタ…

ホントのホントに
タスカッタ…

なくてはならない
保険なのです

Section 3

年金の基礎知識

「そうそう、なめちゃいけないのが年金ですよ」

「未払いが問題になってますもんねぇ。あれに入るくらいだったら自分で手当てする……とかいって、民間の年金保険に加入したりする人とかもいますし」

「それこそ、何やってんのよバカ……って所業ですねぇ」

「はぁ、そういうものですか」

民間の年金保険がいいか、国が保証してくれる年金保険がいいか。その選択は諸説紛々ではありますが、唯一はっきり言い切れるのが「税金面でいえば、国の年金保険のほうがぜったいにお得」ということです。なんせ例の**社会保険料控除で、保険料は全額控除することができます**からね。どれだけ掛け金を支払っても、5万円※までしか生命保険料控除が認められない民間の個人年金保険とは大違いなのです。

「さらには、国民年金の場合にはプラス**国民年金基金**もしくは**個人型確定拠出年金iDeCo（イデコ）**を追加するという選択もあります」

「基金？」

国民年金基金や個人型確定拠出年金・iDeCoとは、国民年金加入者向けに用意された、任意加入の上乗せ年金制度です。ようは国民年金に追い金払うからもっと保障を手厚くしてよってやつですね。サラリーマンの厚生年金でも、国民年金の上に厚生年金部分をのっけることで保障を手厚くしていますので、あれと同じ選択肢を自営業者にも与えようぜ〜ってな制度というわけでございます。

これらの場合もですね、国民年金基金であれば社会保険料控除、個人型確定拠出年

※ 2011年12月31日以前に締結した保険契約（いわゆる旧制度）の限度額となります。2012年1月1日以降に締結した保険契約（いわゆる新制度）では、4万円が限度額となります。

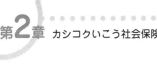

金iDeCoなら小規模企業共済等掛金控除として、やっぱり掛け金は全額控除できるのです。しかもあれですよ、掛け金は自分で任意に設定することができて、それも毎年1回は変更することが可能なので……」

「可能なので?」

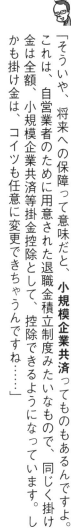

「今年は稼いだなぁって年は、掛け金もどどんと増やして貯蓄がわりに支払っちゃえばいいのです。そうすりゃ**将来の保障を手厚くしながら、同時に節税にもなって一石二鳥**って寸法ですよ」

「おお！　そりゃ確かにスバラシイ！」

「とはいえ、どこまで年金を信用していいかって話もありますから、無条件にボンボンお金を放り込んでいいってもんでもないでしょうけどね」

「ま、まぁ確かにそうですね」

「そういや、将来への保障って意味だと、**小規模企業共済**ってものもあるんですよ。これは、自営業者のために用意された退職金積立制度みたいなもので、同じく掛け金は全額、小規模企業共済等掛金控除として、控除できるようになっています。しかも掛け金は、コイツも任意に変更できちゃうんですね……」

「さらに節税と安心を追加できちゃうぞ……と」

各種共済の特徴とまとめ

◎国民年金基金（https://www.npfa.or.jp/）

主な役割	自営業者向けの上乗せ年金制度
掛け金の扱い	全額所得控除 （同一生計親族分の掛け金も控除可能）
共済金等受け取り時の課税関係	公的年金等控除
補足事項	自己都合による脱退は不可

◎個人型確定拠出年金iDeCo（https://www.ideco-koushiki.jp/）

主な役割	自営業者向けの上乗せ年金制度
掛け金の扱い	全額所得控除 （本人分の掛け金のみ控除可能）
共済金等受け取り時の課税関係	退職所得または公的年金等控除 （併用可）
補足事項	維持費必要、運用損益あり

◎小規模企業共済（https://www.smrj.go.jp/kyosai/skyosai/index.html）

主な役割	自営業者向けの退職金積み立て制度
掛け金の扱い	全額所得控除 （本人分の掛け金のみ控除可能）
共済金等受け取り時の課税関係	退職所得または公的年金等控除 （併用可）
補足事項	積み立てたお金の範囲内で低利の貸付制度あり

◎経営セーフティ共済（https://www.smrj.go.jp/kyosai/tkyosai/index.html）

主な役割	不測の事態に備える自営業者向けの保証制度 （積み立てた掛け金の10倍までを借り入れ可能）
掛け金の扱い	全額必要経費 （本人分の掛け金のみ控除可能）
共済金等受け取り時の課税関係	該当する控除はなし （解約手当金はすべて課税対象）
補足事項	40か月未満の解約は損、運用益なし

※退職所得の場合、(収入金額－退職所得控除額)×$\frac{1}{2}$が、課税所得となります。

「その通り。民間の保険を検討するんであれば、それらをフル活用したうえでさらにもっと……という順で考えたほうがいいと思いますね個人的には」

最後の経営セーフティ共済だけは
少し毛色がちがっていて、
受け取り時に課税されちゃうので
節税に使うものじゃありません
あくまでも
万がいちの場合に
備えておくための
積み立てですね

なるほどなぁ。

ちなみに国民年金の保険料は、一律「1万6610円（令和3年度）×12か月分」也と年額が定められており、国民健康保険のように収入で増減する……ということはありません。ただ、これって成人した人が各自で入らなきゃいけないものなので、奥さんがいれば奥さんの分も、子どもが成人してれば子どもの分も、単純に「×倍率ドン」で負担が増えるということになります。

「その点厚生年金だと、健康保険と同じく奥さんは扶養で入ることができちゃうからうらやましいですよね」

「え!?　そうなんですか！　それは確かにうらやましい……」

「もっとも、その分高めの保険料をもとから支払ってるともとれますし、あっちは収入に応じて保険料が増減したりもしますからねぇ」

「え!?　そうなんですか！　んじゃやっぱりいらないです」

「あはははは」

そうそう、センセイの話によれば「将来のことなんか信用ならんから、オレは掛け金払わんもんねー」という人が、いざ重度の障害を負って働けなくなった途端に「障害年金を支給しろー」と訴訟を起こすのが珍しくないそうです。

この障害年金というのは国民年金の給付の一つで、障害を負ったときに年金を支給してくれるありがたいもの。

そうなんですよ、年金って老後の備えだけじゃないのです。

「まぁ、それを知らなかったが故の悲劇……とでもいいますかねぇ」

「そ、それで、そういう訴訟ってどうなっちゃうんですか？」

「まぁ、十中八九負けますね」

「や、やっぱりそうですか」

フリーランスにとっての将来への備えが…
ドン
国民年金
おー
国民年金
さらに保障を手厚くと思うなら…
ガン
国民年金基金
国民年金
ポイ
ポイ
手持ちのお金を基金で積み増し
国民年金基金
さらにさらに退職金も欲しければ…
ちゃりーん
ブヒッ
共済
小規模企業共済

利率も有利だし、所得から全額控除もできるしで…
私にはまだ縁遠い話ですが…
今日も徹夜かしょう…
余裕があるならオススメです

Section 4

社会保険と税金の関係

これまで述べてきたように、国民健康保険や国民年金なんかの社会保険にかかる掛け金は、すべて社会保険料控除というものになります。あたかも経費のごとく所得から差し引くことができて、その分の税金がお安くなりますよというわけだ。

それでいて将来支給される年金などは、すべて非課税か、もしくはかなり優遇された控除が受けられるようになっているんです。

税金を浮かせながら、将来税金抜きでもらえるお金を積み立てできるのだから、こりゃ使わないほうが損というか、ありがたい制度ですよねぇ。

とはいえ負担は負担なので、選択できるなら国保組合などを選択して年間の掛け金を圧縮する工夫は必要でしょう。また、いつでも引き出し可能な預金などとは違い、年金や小規模企業共済などの掛け金は、あくまでも「将来への備え」として放り込む類のお金です。ちょっと資金繰りが苦しくなったのであのお金をやっぱ返して……なんてわけにはいかないのです。年金そのものへの信頼度って問題もありますしね。

そんなわけで、社会保険ってものは**「極力負担を減らす工夫をこらしつつも、余剰資金が多く出るようであれば、税金で持っていかれるより将来への備えに投資して節税を考える」**のに使うことのできるやつなのです。税金含めて考えると、けっこう有利な保険なんですね。

「でも、やっぱり負担として痛いは痛いですけどねぇ」

「はっはっは……。だったらそんなときは『払わない』って手もありますよ」

「えっ!? えっ!? それって未加入で通すってことですか? それはさすがにヤバいんじゃ……」

「いやいや、**未加入ではなくて滞納しとくだけ**ですよ。それでね、今年は稼ぎがよかったなぁって年にドカンとまとめて払っちゃうんです。そしたらその年に**まとめて控除として算入できる**から、当然税金がお安くてすむでしょ?」

「うおおおおおお！　そんなんアリなんだ!?」

「アリかどうかは知らんですけど、そんな考え方もアリだ……ってことですよ。もっとも、単なる滞納の場合だと、2年間までしかさかのぼって納付することはできませんけどね。ヒッヒッヒッヒッヒッ」

社会保険料は…
つまり税金が…
所得
課税対象
控除
社会保険料
安くなる!!
所得から、まるまる控除することが可能です
そのくせ将来もらう年金たちは
共済
年金基金
年金
わーい
非課税だったりやたらと控除がきいてたり…
年末近くになって
ごっそり課税されそうな収入がある場合には
数十年後の自分へロングパス
現在
30年後
それも節税のひとつの形です

さてとコイツをどーしたもんか

第3章

記帳業務はシゴトの家計簿

Section 1

記帳ってなんじゃいな

昔々の一人暮らしをしてた頃ですけども、月末近くになると「なんでオレはこんなにお金がなくなってるんだろう」と思い悩むなんてことがよくありました。どう考えてもそんなに使ってないだろって思うんだけど、財布を開くとすっからかんなわけです。ところが仕送りはまだまだ先。あらイヤだ、明日の食費どうしましょってもんですよ。

「アナタ無計画そうですもんね」

「だ、だまって最後まで聞いてください」

そんなときはですね、「きっとどこかでお札を間違えて多めに払っちゃったんだ」とか、「きっとどこかでうっかりお金を落としちゃったんだ」などと考えるのがお約束。なんのことはない、どこかへ責任転嫁しながら現実逃避してたわけですが、ぜったいオレがそんな浪費したわけじゃない……とも思いこんでいたのです。

ところが何度となくそんなことが繰り返されるものだから、さすがに自信も揺らぎはじめます。それで一度、「家計簿をつけてみよう」ということになりました。いつもは「いらないよ」って言ってたレシートもちゃんと持ち帰るようにして、毎日毎日「今日はいくら使ったか」「残金はいくらか」ってなことをノートにびっちりつけていったのです。

そしたらなんのことはない。意識せずに使っていた雑費のなんと多いことかというのが浮き彫りになって、毎度毎度の「なんでオレはこんなに……」という現実は、間違いなく私自身のせいでございます……というのがはっきりわかったのでありました。

「ああなるほど。……というのが家計簿なわけだよと」

「ハイ、これやったおかげで、どういった用途にどれだけ月単位で金がかかるものかとか、そういうのがわかるようになったんですよ。ずっとつけるかどうかは別としても、やりくりを考えるうえで金銭感覚を磨くためには欠かせない行ないですねこれは」

「フム、その感覚は確かに大事ですね。しかし『家計簿』ってキーワードだけで、ずいぶん長々と語ってくれたもんですねぇ」

「あはははは、どうしても家計簿には一家言あるもので。あれはですね、財布のひもがゆるみはじめたな〜って頃に、3か月だけつけるのがとても効果的なのですよ」

「はいはい、そういう素人の生兵法は自宅で招き猫相手にでも語ってやってくださいな。ここではもっと高尚な『記帳』ということについて話をすすめていきますからね」

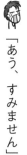

「あう、すみません」

「はっはっはっ冗談です。それにじつはそれだけ家計簿に慣れているのであれば、アナタはもう記帳業務ができる人だといってよいのですよ」

「えええ？　またまたさらにご冗談を」

ところがこっちは冗談じゃないんですね。

青色申告と白色申告を分かつ境界線は、「記帳水準」にあるといえます。記帳義務はどちらにもあって、領収書を保管したり入出金をわかるように管理しなきゃいけないのも両方同じ。ただし、1件ずつお金の出し入れを管理しなきゃいけない青色とちがって、白色であれば「小売の現金売上については日々の合計金額のみを一括記載することができる」など、かなりざっくりした帳簿で許されるようになっています。

ほらみろやっぱり青はややこしいんだよ。

なんかそんな声が聞こえてきそうな話ですね。ところがこれがそうでもない。

青色申告だから記帳せえよ……といっても、その形式は**簡易簿記か複式簿記かと選べる**ようになっています。うん、ややこしそうですね。では、「家計簿みたいな現金出納帳」形式か「簿記の資格持ってる人がつけるようなややこしい帳簿」形式かを選べるようになっている……と言いかえてみればどうでしょうか。そう、家計簿程度の記帳作業でも、じゅうぶん事足りてしまう選択肢が用意されているのです。

ようするに記帳と大げさにいってみても、しょせんは「お金の出し入れ」を明記するだけのこと。だから家計簿をつけていたような人であれば、それをそのまま仕事上の入出金に置き換えてしまえばいい……というわけなんですね。

「そんなわけで、簡易簿記のほうなら苦もなくつけることができると思いますよ。決まったフォーマットがあるわけでもないので、エクセルなんかの表計算ソフトで入出金表作ったってよいですしね。そうそう銀行の預金通帳なんかも簡易簿記ですから、あれも参考になるかな」

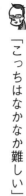

「ははぁ、そんなアバウトなもんなんですかぁ」

「もっとも、これだと青色申告することで得られる青色申告特別控除って特典が、10万円しか認められないことになっちゃうんですけどね。その上となる55万円控除や65万円控除をぶん捕るためには複式簿記ってほうで帳簿つけしなきゃいけないんですが……」

「ですが?」

「こっちはなかなか難しい」

「そうですか」

「まぁ、パソコンソフトとかを使えるなら素人さんでも問題ないかな。これについてはまた青色申告の章で詳しくやりますよ」

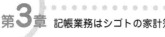

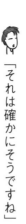

「わっかりました」

ところでこうした記帳作業。なんのために必要かっていうと、それは入金と出金を管理するために必要なわけで、それって最終的には「申告時に所得を算出するために必要となる」ものなわけです。どんな用途に経費をいくら使って、年間の入金がいくらで結果利益はいくらでした～と言うためにね。

「これってね、白色申告でも青色申告でも同じことでしょ？」

「それは確かにそうですね」

「ざっくりしたまとめ方が許されるといってもね、その根拠となる領収書なんかの整理はどのみち必要になるわけ。そうすると、じつは**簡易簿記でやる青色申告と白色申告って、ほとんど手間ってかわらない**ものなんですよ」

「た、確かに毎年毎年、たまった領収書を眺めながらめんどくさいなあと泣き濡れてました……」

「しかもざっくりとかいうけど、あなたのような業態だとそもそも入金なんて銀行振込が基本だから、現金商売みたいな煩雑さとは無縁なわけですよ。結果、１件ず

つ処理して、青色申告の10万円控除受けるのと一緒のことをやってるわけ」

「あああああああ！　た、確かにそうですね！　あああああ！」

「同じことやってんのに、かたや控除がもらえて、かたや控除なしってのはムナシイですねぇ。しかも青色だと、控除だけじゃなくて他にも様々な特典がありますし……。おやどうしました？　目から汗が出てますよ？」

「な、な、な、な、なんでもアリマセン！」

記帳というのは
仕事上のお金の出入りを家計簿みたいにメモること
仕事の家計簿
…みたいなもの
最終的な目的は
ワタクシの年間収支は――
ぜんぶでいくらの黒字でした――
年間の利益をズババッと導き出すことです
申告方法によって
複式簿記
55万円控除 or 65万円控除
簡易簿記
10万円控除
簡易簿記（さらにアバウト）
0円
白色申告
青色申告
う〜ん
要求される記帳レベルは様々ですが…
けっきょく収益を算出しなきゃとなる以上
白色申告と青色の10万円控除だとあんまり手間はかわんないよ？
えっウソ!?
…だというのは、あまり知られてない事実です

Section 2

領収書は額面15%の金券なのだ

日常的に現金がとびかう現金商売の個人商店ならともかく、私らフリーランスの人にとっては「記帳＝日々の経費を記録すること」がメインとなってくるでしょう。入金は銀行口座にポンと振り込まれるのが常なだけに、月1回それを書き写しちゃえば、それですんじゃいますからね。

「だからね、フリーの人が記帳だなんだいっても、**結局それは領収書を管理する**…
…に尽きるんですよほとんどの場合」

記帳が最終的には所得を求めるために必要だっていうのは、先に述べました。所得は「売上−経費」で出てきます。売上は銀行口座にあった入金を集計すればいいから、そんなに記帳的には手間じゃない。……とすると、所得を求めるためには「経費」が集計できればよいとなる。

そこで、領収書なわけですよ。

この「経費」ってやつは、キチンと「何を何のために購入した」って証明できなきゃいけないので、必然的に領収書をかき集めることで積み上げていくようになるのです。そ、領収書というのは経費のもと。それをせっせかためこんで、「売上−経費」の式で「経費」部分をふくらませれば、必然的に所得が低くなってめでたく税金も安くなる……と。

そう考えるとですね、**領収書ってのは政府からキャッシュバックしてもらえる金券みたいなもの**なんですよ。たとえば課税所得が190万円の人なら、1万円分経費を上乗せできると課税所得は189万円ということになるわけです。これって、課税対象額が1万円下がるということを意味します。この場合所得税と住民税とを合算した税率は15%になりますから、28万5千円だった税金は28万3千5百円ということになり、その差額である千5百円は「やった払わなくてすんだラッキー」ということになります。2万円分の経費を乗せれば税金は3千円浮くことになり、10万円なら1万5千円も浮くことになる。もちろんそれに応じて国保の掛け金なんかも低くなるので、実質はもっと還元されることになる。

つまり領収書ってのは、最低でも額面の15%が還元してもらえるありがたい金券ってことになるのです。

「額面15%の金券だと思えば、多少はその管理にも身が入るってものでしょう?」

「はい!……って、そっかぁ言われてみれば、確かに金券みたいなものですねぇ」

ちなみにその管理法というのは、特に決まりはありません。基本的には帳簿から逆引きできるようになっていればよしなので、まぁ「月単位で封筒にごそっと放り込んでおく」とか、「日付順でノートに貼り付けていく」とか、そのあたりはご自由に。細やかな整理を得意技にしてる人なんかだと、「用途別&月別で分類」したりなんかするとスペシャルパーフェクト……かもしれません。

ちなみに私の場合だと、そんなに細やかなことをする神経は持ち合わせていませんので、月別でベタベタとA4コピー用紙に糊付けしていくようにしています。んで、二つ穴空けパンチでコピー用紙に穴を開けて、キングファイルにファイリング。これだと領収書がどんだけ増えようが、コピー用紙を増量すればそれですむ話なので、とにかくペタペタ貼っていけば整理できちゃうところがお気に入りです。

「そういえば、領収書によくある『上様』って宛名書きはまずいんですか？」

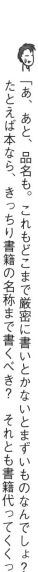

「よそからもらってきただろうとか詮索されたりしますから、本来は避けたいところですね。ただ結局は程度問題ですよ。それでやたらと高額な経費を積んだりしてなきゃ、まぁ問題にはならんでしょう」

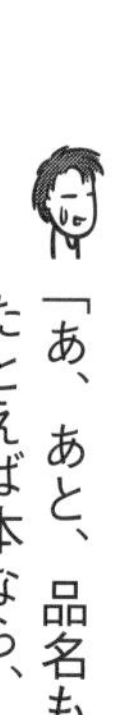
「あ、あと、品名も。これもどこまで厳密に書いとかないとまずいものなんでしょ？　たとえば本なら、きっちり書籍の名称まで書くべき？　それとも書籍代ってくくっちゃっていいもの？」

「それも程度問題。百科事典みたいによほど高価な品でもない限りは、書籍代とか本代でくくっちゃって問題ありません」

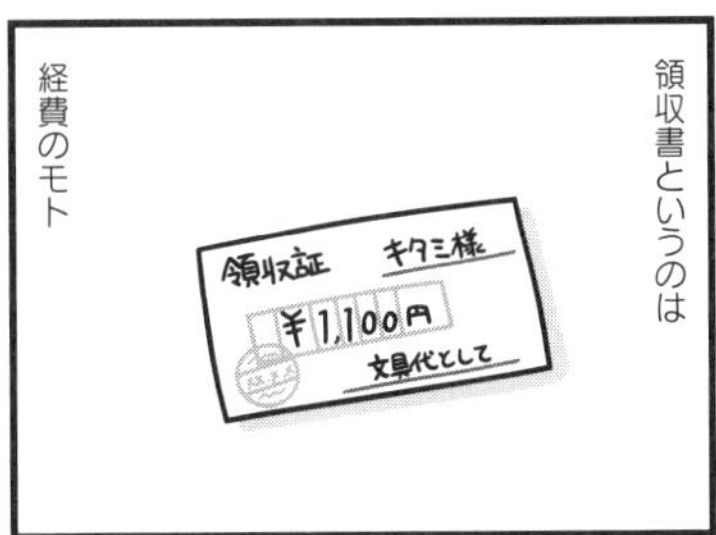
領収書というのは
領収証 キタミ様
¥1,100円
文具代として
経費のモト

集めれば集めるほど経費が増えて…
経費がかさめば
売上
経費
利益
利益は減る
ほー
利益は減る

10万円経費が増えれば
10万円利益が減って…
10万円
経費
利益
この分の税額が1万5千円
わーい
わーい
税金は1万5千円※も安くなる…
※所得税5%＋住民税10%で計算

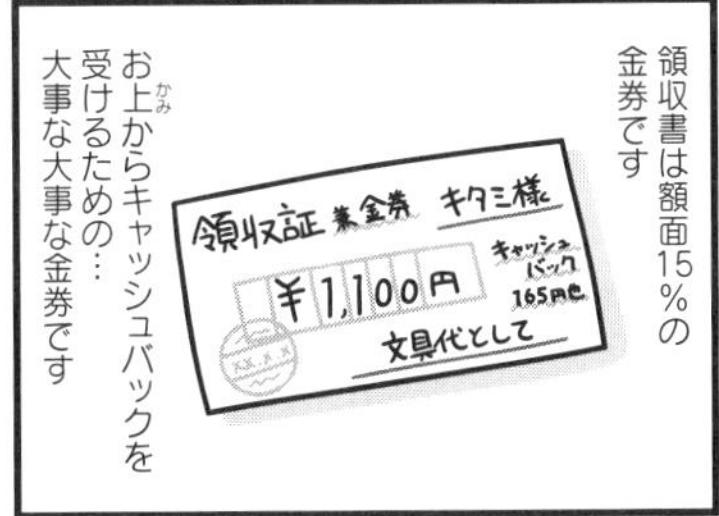
領収書は額面15%の金券です
領収証 兼金券 キタミ様
¥1,100円
キャッシュバック 165円也
文具代として
お上からキャッシュバックを受けるための…大事な大事な金券です

Section 3

レシートってどうなのさ？

「よくお店でレシートはイヤだ手書きにしてくれっていう人を見かけるんですけども、あれってどういう意味があるんですか？」

「いや特には。あえて言うなら手書きだと細かい品目が隠せてよい……ってメリットがあるくらいですかねぇ。あ、あとあれか、レシートだと感熱紙に印字されてるものがあるので、それだと年数が経つと消えちゃう恐れがあるからイヤだ……とかね」

「ははぁ、そんなもんですか。手書きのほうが正式な形だからとか、そんなことじゃないんですか？」

「ないない。むしろ税務署からしたら、レシートのほうがいいって見方もあるんですから」

そう、じつは税務署さん的には、**むしろレシートのほうがよい**のです。てっきり手書きのほうが正式な領収書で、レシートはその簡易版だから好ましくないのだ……などと考えていたのですが、逆なんですね。レシートのほうが細かい品目までしっかりチェックすることができるので望ましかったりするのです。こりゃちょっと驚き。

「じゃ、じゃあわざわざ手書きでなんてめんどくさいことしなくとも、レシートをほいっともらっとけばそれですむんですか？」

「高額商品とかなら、きっちり手書きの領収書で記録するようにしたほうがいいでしょうね。宛名書きのない、本当に単なるレシートになってしまうと、〝私が〟払ったという証明には成り得ませんから、それで高額の経費を認めろーってやっちゃうと、やはり時に無理がきちゃうんです。ただ、それ以外の細々とした消耗品なんかはレシートで大丈夫だと思いますよ」

あと、感熱紙で消える恐れがあってイヤだ……という場合には、コピーを取ってそれを貼り付けるとかすればいいんですって。なるほどねぇ。

「じゃ、じゃあコンビニのレジ横に置いてあるレシート廃棄箱なんかは、まさに宝の山なわけですね！」

「ははは、確かにそう言えますね」

「もうあそこからぐわしと思う存分握り込んじゃったりなんかして」

「……って、本当にそこからかき集めたら脱税ですけども。でもこれも程度問題ですよ？　あんまりそんなレシートばかりが並んでるようなら、やはりそこは疑念を持たれますから……」

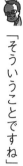

「バランスの問題ですよと？」

「そういうことですね」

まぁとにかく領収書ってもんは支払った証明ができれば事足りるのですから、レシートだろうがなんだろうが、とりあえずそういった証明書類があるならば大丈夫ですよ……と。

領収書というのは
支払いの証明として
必要とされる
書類です
領収書
¥3,300
ローソン
なので別に
レシートであろうとも
逆に細かな
品目が見えて
好印象という
ご意見も
ヤロダでんき
プリンタインク
・・・・800円
インクジェット用紙
・・・・300円
計 1,100円
証明には事足りるので
なんの問題もありゃしません
そうとわかれば
ついつい目がいって
しまうのが
ありがとーございましたー
コンビニエンスストアの
レジ前に置いてある箱
LO-Son
レシート廃棄箱が
宝の山に見えて…
思わず手をのばしそうに
なってキケンです
不要なレシートは
こちらへ

Section 4

領収書がない場合

「そうだ、センセー領収書がない場合はどうすりゃいいんでしょうか？」

「ああ、基本的には**伝票処理**ですね」

伝票処理というのは、「いついつ、いくらいくらを、どこで、なんのために払いましたよ～」という出金伝票をきっておくこと。出金伝票自体は100円ショップとかにいけば、それ用のがわんさと売ってます。

でもそれってつまりは好き勝手に書けちゃうってことだよね？　そんなんで信用できるの？

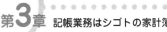

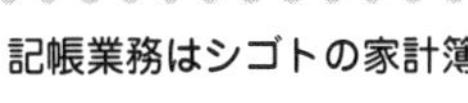

「信用できなきゃ、税務署の人が相手の店へ確認しに行くだけですよ」

「ええ!?」

「ウラはとろうと思えばとれるもんです」

「な、なるほど」

もちろん伝票処理すればいいといっても、それはあくまでも例外処理的なもの。領収書の類（たぐい）が一切なくても全部伝票処理すればよい……なんてわけじゃないのでお間違えなきように。

「まぁ、『領収書なけりゃ全部ダメ！　認めらんない！』と言うほど血も涙もないわけじゃないってことですね。ただあれですよ？　100円や200円の消しゴムとかならともかく、ウン万円する万年筆とか、そんなものはやっぱり領収書がないとキビシイですからね」

「はーい」

ところで「領収書のないもの」といえば、「もらい忘れた」とか「なくしました」だけじゃなくて、そもそも「領収書なんか有り得ない」ものがありますね。交通費とか。

「交通費も出金伝票ってことになるんですか？」

「交通費だと、たとえば毎回の履歴は一覧表形式で残しておいて、伝票処理自体は月単位で合計額を処理するとかするとよいでしょうね」

「……履歴めんどくさい。ＪＲ東日本のＳｕｉｃａでチャージしたときの領収書とか、あとはバスにせよ地下鉄にせよプリペイドカードを１枚購入して、その購入費で管理するようにしてるんですけど、それじゃダメですか？」

「そういうのはね、どことどこの間で使った電車代とかわかんないでしょ？　それだとその交通費が仕事用か否かがはっきりしないんで本当はダメなんですよ。でも金額は年にどれくらい？……１万とか２万とか？……う～ん、それくらいなら問題にはならないかなぁ」

「ほっ」

「でもまあＳｕｉｃａに頼るんだっったら、今ドキのクラウド会計サービスとかだと、モバイルＳｕｉｃａの履歴を拾ってきて月ごとにまとめた交通費精算伝票を出

してくれたりするみたいだから、そういうのを活用したほうがいいでしょうね」

「……はーい」

「あ、そうそう、領収書がないっていったら、冠婚葬祭時のご祝儀とかお香典ですよ」

あ〜、確かにそれはちょっと想像しただけでも「領収書くれ」なんて有り得ないのがわかります。

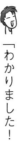

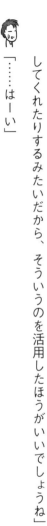

「これも忘れないうちに伝票処理をしておくのです。できればその際招待状とか、**何か行ったことが証明できるような品をとっておく**とパーフェクトですね」

「わかりました！　引出物とかとっとけばいいんですね！」

「いや、それはかさばりすぎるから」

なくしたとか
もらい損ねたとか…

とにかく領収書が
ない時は伝票処理

「いつ、どこで、いくら、
なんのために」と記載した
出金伝票を書いて

毎度毎度
じゃ

さすがに
NG
だろう
けどね

領収書がわりに
支払いの証拠とするのです

そもそも
この世の中…

冠婚葬祭の
祝儀や
香典とか

交通費
とか

領収書のある
取引ばっかじゃありません

ないならないなりに
記録としてなにかを残す

まあ…

伝票きっときゃ
いっか…

ないから諦めるってのは
早計って奴なのです

Section 5 ぶっちゃけどこまでが必要経費？

「ふっふっふっふっ、セーンセー」

「な、なんですか？　気持ち悪いですよ？」

青色申告にして有利な控除を受けるためにも、はたまたお仕事の入出金を管理できるようになるためにも、「家計簿レベルでいいから帳簿つけは大事ですよー」というのはわかりました。そして、そのために鍵となってくるのはとにかく領収書だってこともわかりました。

そんでもって、この領収書を積み重ねることができればできるほど経費は増えるわけで、

「売上ー経費」で求める所得は必然的に減ってくる……と。いいよいいよお安いよお客さ～んなわけでありますよ。

「そろそろ正直な話に移りましょうよ」

「ななな、何がですか？　カツ丼でも出てくるんですか？」

「いやいやセンセ、ぶっちゃけた話ね、経費経費ってどこまで実際のトコ認められるものなんですか？」

「あーなんだ、そーいう話ですか」

そうなんですよ、いくら領収書をかき集めてみたところで、「こんなもん仕事の経費と認められるわきゃないでしょう」とはじかれてしまえばそれまでなわけです。いやそれどころかアナタ追徴課税とかされちゃうんじゃないですか？　いやん怖い……。それはやめてー、そんなのは回避したいのワタシーなのでありますよ。

「まぁ、とにかく安全に安全にというのであれば、もう経費に極力積まないことで

すね。これは誰がみても経費だろーってものしか積まないようにすることです」

「え、えええ。そんなのぜんぜんぶっちゃけじゃないですよ！」

「……と言われても、正解ってないんですよ。税務署の担当者によっても変わるでしょうから、いちがいには言えませんと答えるしかありません。ま、アナタみたいなライター稼業なら、資料用に買った書籍・雑誌とか、パソコン、プリンタインクやコピー用紙などの消耗品……くらいは大丈夫でしょうね」

「やだやだやだやだ、もっとぶっちゃけましょうよー」

「だから、『とにかく安全に』というのであればって言ってるでしょ？」

「ん？」

「安全じゃなくてもかまわないなら、これは仕事に関係するぜ〜って少しでも言えるものは、とにかく片っ端からのっけていっちゃえばいいんですよ」

「え？」

経費に積んでよいのはあくまでも「お仕事に必要な出費」です。しかしどれが「お仕事に必要な出費」かなんて、誰にだって正解はわかりません。たとえばお寺修行レポートを記事として書いてるライターさんなら、お寺修行体験ツアーのお金は経費になるでしょうが、そんなの全然お仕事として持ってないライターさんが「新ネタを考えるために滝にうたれる必要があったのだ」と言っても鼻でフフンとあしらわれるだけでしょう。

じゃあ、「お寺修行体験をルポ漫画として書くという企画を出すために体験ツアーを試してきた」なら？　ダメ？　でも実際にそういった企画書を出してたら？

「……という具合に、同じ職業同じ立場でも、何を証拠として出すか、どんな理由をこじつけられるかでまったく違ってくるんですよ」

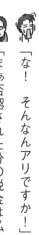

「はぁ、まぁそうですねぇ」

「だからダメもとで全部のっけちゃうの。まったくのっけなければどれも経費になってくれませんけど、全部のっけて半分否認されたって、半分は認めてもらえたねラッキーとなるわけですよ」

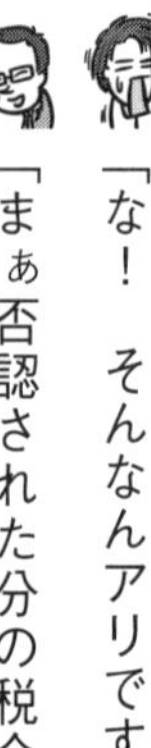

「な！　そんなんアリですか！」

「まぁ否認された分の税金は払えとなりますし、少しばかりの利子ものっけられますが、そんだけの話ですよ。**安全安全で経費をやたら少なくしちゃうよりは、確実に税金は少なくすむ**でしょうね」

「でも調査とか入ったら怖いことになるんじゃないですか？」

「重加算税だとか、脱税で起訴だとかいうようなおもーい罰則の怖い話は、領収書を偽造して経費水増しを行なってたり、本来あったはずの売上をばっくれたりしてない限りはありません。ああいったのは犯罪性があるようなものに対してだけですから。つまりアンタのような小心者には関係ない」

「……否定できないのが悔しいです」

経費となるのは…
なんでもかんでも経費にのっけちゃえー
ポイ
ポイ
ポイ
…と、していたら
あくまでも、仕事で使ったお金のみです
でも、じゃあどこまでが仕事で使ったと
「コレとコレとコレとソレとコレとアレとコレとコレは認められませんね」
…と言われた
みなしてもらえるのか

その判断に
必死に使用目的を主張してみたら
「じゃあこれはOK」
…と半分認められた
正解はアリマセン
だからけっきょくのところ「この仕事のためにオレはこの金を使ったんだー」…と
お互いに
「言ってみるもんだ」
…とか思ってたりして
そう主張できるか否かが境目ってことになるのです

Section 6

デキた勘定科目は七難隠す

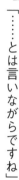

「……とは言いながらですね」

「はい？」

「帳簿上、無用につっこまれないための工夫というのはあるわけです」

「あ、あるんじゃないですか！　それですよ、それを教えてくださいよ！」

「それには『勘定科目』に少し気を配ること……ですね」

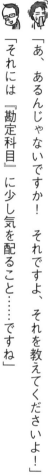

勘定科目というのは、ようは経費を分類する項目のこと。たとえば家計簿でいうところの食費や光熱費のように、経費だって「消耗品費」「交通費」「制作費」のように分類わけ

をするのです。

この分類わけ、これといって決まりがあるわけじゃありません。「こう分けてないとダメ」って約束事がないわけだから、自分の業務にあった勘定科目をもちいて分類わけすればよいのです。たとえばフリーランスの人が使う勘定科目といえば、次ページの表のようになるでしょうか。

「ポイントは目立ちすぎないこと、そして変わりすぎないこと……です」

「は？　いやいや、それ以前に『こんな経費はどの勘定科目に入れときなさい』とか、『こんな業種なら勘定科目はこうしておきなさい』とか、そんなノウハウが来るんじゃないですか？」

「それはだからなんでもいいんですよ。あのねぇ、所得税なんか税額にずれがなきゃそれ以外どうでもいいんだから、そんな**『経費がどこの科目に入ってる』だとか、そんなんぜんぜん問題じゃない**んですよ。指摘されたって、じゃあこっちの科目に入れ直しときますねですんじゃう話なんだから」

なんとまぁ、そうなんですか？　私いっつも記帳するときに「この領収書はどこの科目に入れとけばいいのかなぁ」で悩んでたんですけども。

✎フリーランスの人が使う勘定科目の例

	勘定科目	内容
一般的なもの	通信費	切手代やはがきなどの郵送料、電話料金、インターネット回線使用料
	（接待）交際費	歳暮・中元などの贈答費用、冠婚葬祭の祝儀、接待の飲食費
	（地代）家賃	事務所の家賃、月極駐車場代
	支払手数料	振込手数料
	旅費交通費	電車代、バス代、タクシー代、宿泊代
	租税公課	事業税（経費になります）、収入印紙、固定資産税
	消耗品費	パソコン・コピー機関係の消耗品、封筒、名刺
	事務用品費	筆記用具・ファイルなどの文房具
	水道光熱費	電気代、ガス代、水道代
	広告宣伝費	看板、宣伝チラシ、電話帳広告
	支払保険料	火災保険・自動車保険などの保険料
	修繕費	パソコンの修理、車検費用
	給料手当	従業員の給料、賞与
	福利厚生費	従業員の慰安などの費用
	減価償却費	自動車・器具備品などの償却費
	支払利息	借入金の利息
	リース料	パソコン・自動車・コピー機などのリース料
	諸会費	同業者団体の会費、商工会議所の会費
	雑費	上記に分類されないその他の細かな経費

	勘定科目	内容
やや特殊なもの	仕入	小売業（ネット転売も含む）などの商品仕入代金
	車両関係費	（営業上自動車を頻繁に使用する場合）ガソリン代・高速代・時間貸し駐車場代など（仕事に関するもの）
	材料費	製作のために要する材料の購入代金
	取材費	作品等の取材に関する経費
	外注費	仕事の一部を外部に委託した場合の委託費
	図書研究費	書籍代、サンプル代
	会議費	喫茶店等での打ち合わせ費用
	支払報酬	税理士への報酬
	固定資産除却（売却）損	不要となった固定資産を廃棄（売却）した場合の損失
	雑損失	上記以外のその他の損失

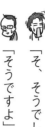

「じゃ、じゃあ、なにがポイントなんですか!?」

「アンタ人の話を聞いてないですか？　『**目立ちすぎないこと**』と『**変わりすぎないこと**』がポイントだって今言ったばかりでしょうが」

「そ、そうでしたっけ!?」

「そうですよ」

目立ちすぎないこと……というのは、**ある勘定科目だけが突出して目立つ金額になるのは避けましょう**の意味。ある金額だけがあまりに突出していると、「はて、どうしてここはこんなにお金がかかっているのかな？」と不思議に思うものです。不思議に思えばちょっと調べてみましょうかとなる。それを避けるためにも、勘定科目は上手にバラして、全体が均等に分散するよう科目分けしたほうがよいのです。

変わりすぎないこと……というのは、**毎年毎年ころころ勘定科目が変わるのは望ましくない**ですよという意味。これもやっぱり、年ごとにころころ変わってしまうようじゃ、イヤでもそこが目立つのです。目立つとまたまた「これはなんだ、どうしてだ？」と不思議に思われるきっかけとなって、んでもってあとは以下略と。ですから、勘定科目というものは、いったん固めたら、なるべくそのまま毎年続けていくようにしたほうがよいというわけです。

「つまりはバランスですね。金額が均等になるように自分の業務を見直しながら科目を定め、そうしてそれを継続していく……と。科目自体はなんでもいいよとはいいつつも、そこはやはりデタラメでよい……ではなくて、自分にあったカタチであればなんでもいいよということなんです」

ちなみにじゃあとにかく細かく勘定科目を定めてしまえばいいかというと、そんなことはありません。白色申告だと収支内訳書、青色申告だと青色申告決算書にそれぞれ経費を記載して提出することになります。この用紙に記入できる以上の科目数を作っちゃうと、結局提出する資料の段階で「あれとこれとそれをひとまとめ」にしなきゃいかんので、それもなんだかなぁってなっちゃうんですね。

まぁ、あらかじめひとまとめにする科目を決めときゃいい話ではありますけども。

「とにかく目立たないように整理して、無用なつっこみを避ける……ですね」

「そう。人間楽なとこから攻めたがるもんなんだから、そんな入り口部分でいきなりアラを見せるほど愚かなことはないわけですよ、ふっふっふっ」

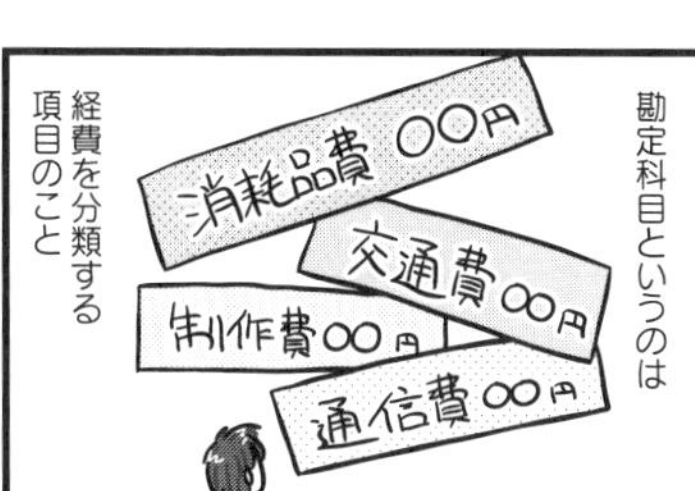
勘定科目というのは
消耗品費 〇〇円
交通費〇〇円
制作費〇〇円
通信費〇〇円
経費を分類する項目のこと

なにかが突出していれば
消耗品
交通費
制作費
通信費
勘定科目ごとの合計
ムム
消耗品がアヤシイな…
「なんでだろう?」とフシギに思う反面

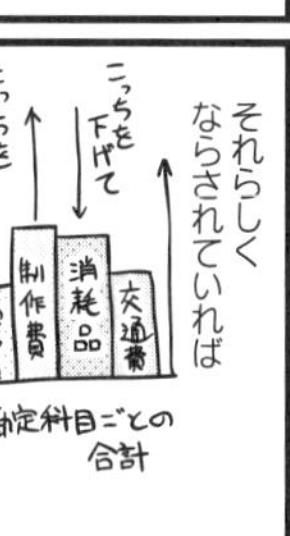
それらしくならされていれば
こっちを下げて
こっちを上げて
消耗品
制作費
交通費
通信費
勘定科目ごとの合計
フ〜〜ム…
まぁそんなもんだろ
それらしくまとまっている…ように見える

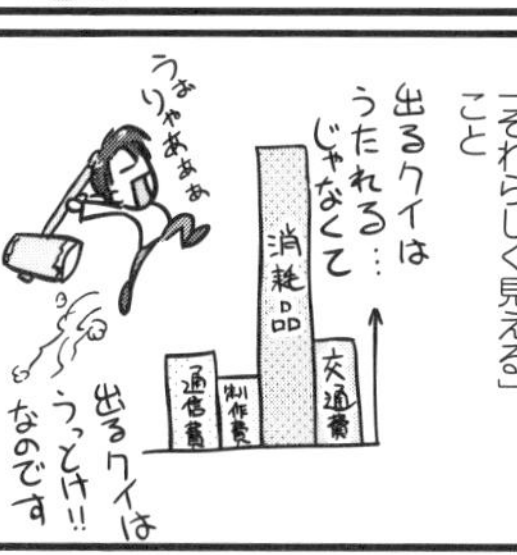
「それらしく見える」こと
出るクイはうたれる…じゃなくて
消耗品
交通費
制作費
通信費
うぉりゃあぁぁ
出るクイはうっとけ!!なのです
それが、アラ探しされないための一番のポイントです

Section 7 固定資産と減価償却

「使ったら使った金額を家計簿のようにカキカキしましょう……ではすまないのが、減価償却ってやつです。まぁ、これは申告方法がどうだこうだに関わらず、避けて通れない道ですね」

「そうそうこれですよ。なんで一発経費でドカンじゃダメなのか、取得価額ってなんじゃそりゃですよ」

「ふむ、じゃあ『資産の一生』について、アナタでもわかるよう説明してみましょうか」

パソコンや車を想像してみるとわかりやすいのですが、ある程度高額な品というのは、買って使用したからといっていきなり価値が0になるわけではありません。中古ということになって多少価値は下がるにせよ、その品にはなんらかの値打ちがついているのです。そんなわけで、これは経費なんて形で一括償却はできないやという話になります。価値が残ってるんだもの。それで、コイツはアナタの「資産」だということになり、「資産の一生」がはじまりはじまりとなるわけです。

買ったばかりの車よりも、1年落ち2年落ちの車が安く見られるように、「資産」というのはゆるやかにではあるけれども、毎年価値を減じていくものです。仕事で使ってるうちに価値が減ってきたわけなので、その減った価値分は経費として認められます。そう、**価値が減ることで、はじめて経費として使用ずみになりましたよ~と見なしてもらえる**わけですね。この額を計上して償却することを「減価償却」というのです。「〝減〟った〝価値〟を〝償却〟する」の意味。

そうやって毎年毎年減った価値分を償却していくと、いつか資産の価値は限りなく0と等しくなります。これで「資産の一生」はオシマイ。めでたくその幕を閉じるわけです。

「どうです？　わかりましたか？」

「わかった……ようなわからんような……」

「……（声にならない叫び）……、ゴホンゲフングフン、えっ……とじゃあ……114〜115ページに図にしておくからゲフンゲフン、もうそれ見て復習してくださいな。ようするに、高価なものはのんびり価値が下落するんです。だから、その下落した価値分だけを毎年経費として計上してっていいですよ……というのが減価償却ってわけ」

「なるほどー」

ところで毎年どれだけ価値が下落するかってのは、どうやって計算すればよいのでしょうか？

「それはねー、多分に個々人の見解次第的な面も強いのですが、一応資産の種類によって『何年持つか』という基準が定められてはいます。それを**耐用年数**っていうんですけども、これが目安。購入した金額を耐用年数で割れば毎年の価値目減り額が出てきます。それが下落した価値分として経費に入れてよい金額になります」

「なるほど」

✎代表的な耐用年数の一覧

構造・用途	細目	耐用年数
器具・備品		
家具、電気機器、ガス機器、家庭用品(他に掲げてあるものを除く。)	事務机、事務いす、キャビネット 主として金属製のもの その他のもの	 15年 8年
	応接セット 接客業用のもの その他のもの	 5年 8年
	ラジオ、テレビジョン、テープレコーダーその他の音響機器	5年
	冷房用・暖房用機器	6年
	電気冷蔵庫、電気洗濯機その他これらに類する電気・ガス機器	6年
	氷冷蔵庫、冷蔵ストッカー(電気式のものを除く。)	4年
事務機器、通信機器	電子計算機 パーソナルコンピュータ(サーバー用のものを除く。) その他のもの	 4年 5年
	複写機、タイムレコーダーなど	5年
	インターホーン、放送用設備	6年
時計、試験機器、測定機器	試験・測定機器	5年
光学機器、写真製作機器	カメラ、映画撮影機、映写機、望遠鏡	5年
	引伸機、焼付機、乾燥機、顕微鏡	8年
看板・広告器具	マネキン人形、模型	2年
車両・運搬具		
一般用のもの	自動車(貨物および2輪・3輪自動車を除く。)	6年
	小型車(総排気量が0.66リットル以下のもの)	4年
	2輪・3輪自動車	3年
	自転車	2年
	リヤカー	4年
ソフトウェア		
「複写して販売するための原本」又は「研究開発用のもの」		3年
「その他のもの」		5年

※固定資産や無形固定資産(ソフトウェアなど)の耐用年数はこの他にも多数の項目が細かく規定されています。本表はあくまでも参考に留め、実際に処理を行う時には「より適切な項目がないか」など、国税庁の資料を確認するようにしてください。

※国税庁発行『主な減価償却資産の耐用年数表』より抜粋
https://www.nta.go.jp/taxes/shiraberu/taxanswer/shotoku/pdf/2100_01.pdf

※国税庁『ソフトウエアの取得価額と耐用年数』ページより抜粋
https://www.nta.go.jp/taxes/shiraberu/taxanswer/hojin/5461.htm

① 10万円以上の高額商品は、「固定資産」というものになります。

② 固定資産は価値がゆるやかに減じていくと見なされるので、「減価償却」ということをしなきゃいけません。

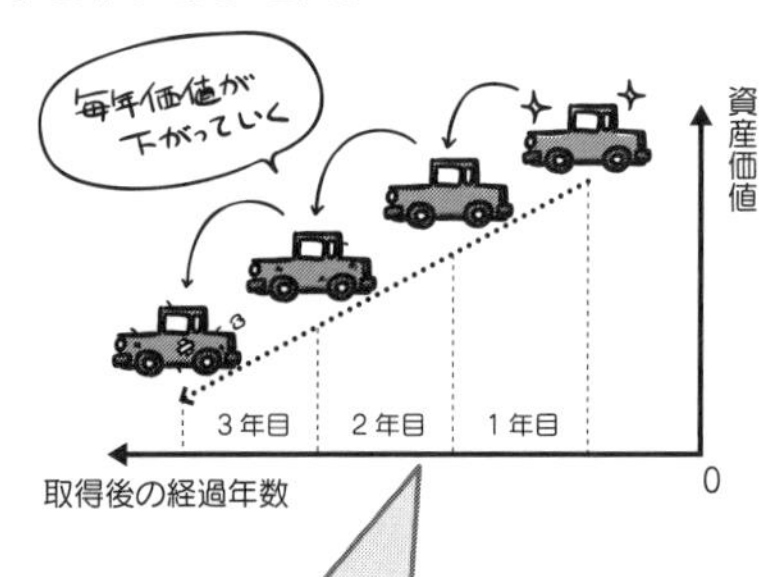

③ 減価償却というのは、1年で減った価値分を、経費に計上して毎年償却することです。

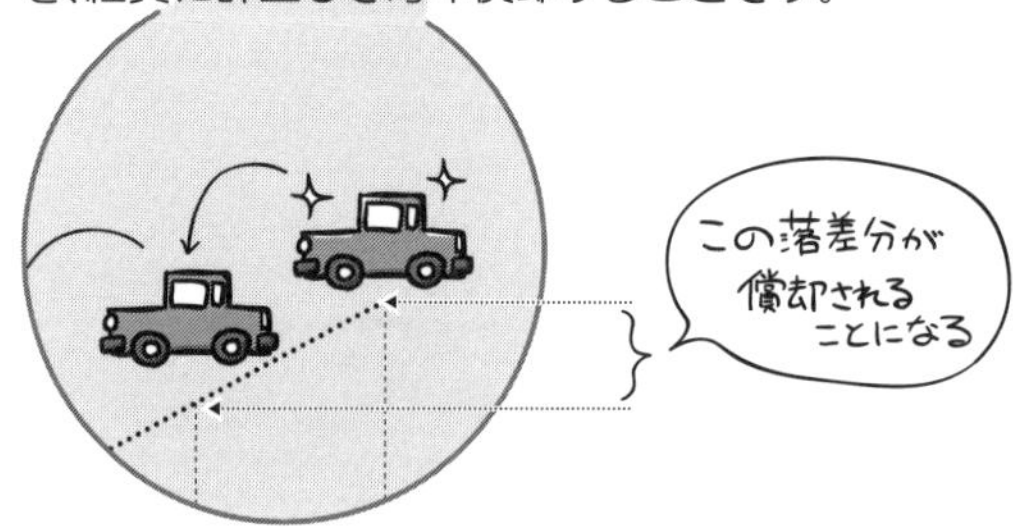

✎資産の一生

④ んじゃ、実際に年間でいくら償却することになんのかね…ってのは、次のような式で求められます。

固定資産というのは種別ごとに
「こんぐらいはまぁ…
たとえば車なら
6年間
……使えるでしょ」
なんて年数が定められているので…
耐用年数

180万円
取得価額 を
その年数でわってやれば…

取得価額 ÷ 耐用年数＝毎年の減価償却額

…で、年間の償却額が求められる。

つまりこの場合は、180万円÷6年間＝30万円/年 …と、なるワケなのです!!

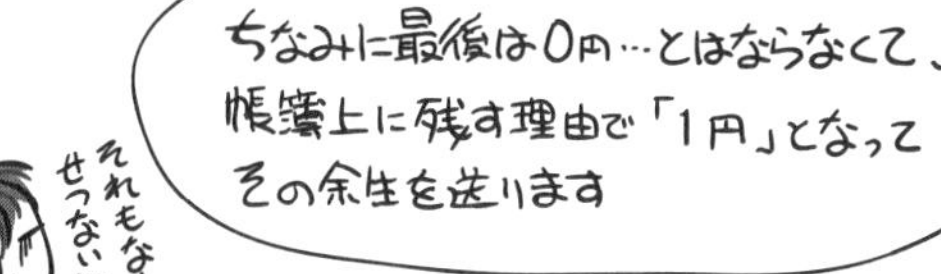

ちなみに最後は0円…とはならなくて、帳簿上に残す理由で「1円」となってその余生を送ります
それもなんかせつない話だね

「ただし、ここまで話したのは**定額法**という減価償却の仕方になります。毎年同じ額を償却してくぜ～ってやつね。これとは別に**定率法**ってのもあるんですが……」

「ですが？」

「これは勝手に調べてください」

「ぎゃふん」

「ははは、まぁ簡単にふれておくと、毎年同じ率で償却していくやり方ってことになりますね。したがって初年度が一番多く償却できて、あとは年々償却額が減っていくことになります」

車やパソコンなどといった高額商品は…
10万円以上の
ウン百万也
高額商品たち
ウン十万也
買って使えば価値が0円になる…という類のモノではありません
年々少しずつ価値を減らしながら
資産価値
耐用年数
0 1 2 3 4 5
年々価値が下がる
それでもなんらかの価値を有する「固定資産」となるのです
そうした固定資産が、1年で失った資産価値を経費として償却するのが「減価償却」の考え方
180万円
1年たって…
30万円の価値を失った
150万円
耐用年数(何年持つか)を上から押しつけられるのが
5年前に購入したノートパソコン
当時は耐用年数が6年とされてたのでホコリをかぶりながら細々と償却中…
ちょっとムカつく制度です

Section 8

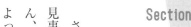

損益計算書（収支内訳書）でいっちょあがり

さてさて、そんな感じに記帳したり、減価償却したりで1年を終えるとまぁ目の前には見事な帳簿さんができあがり。よかったよかった、がんばったもんねお父さん。お疲れさん、あらビールでも飲みます？　やぁそれじゃもらおうかな、がんばったもんな1年間。よっしゃよっしゃがはははは……。

「……とはならないんですね」

「ならないんですか？」

なんでー？　がんばって立派に帳簿作ったんだから、それでOKってことでいいじゃないですかー。

「帳簿というのは最終目的じゃないんですよ。あくまでも目的は年間の収支をはじきだすこと。つまり、白色申告なら収支内訳書、**青色申告なら損益計算書という、書類を作るのがゴール**なのです」

「なんでまたそんなものを？」

「ようは利益を割り出せやと、細かいことはどーでもいいから、その利益にもとづいてワシらは税金ぶん捕るかんねーと、お上はそういっておられるわけですな」

そう、1年間せっせかせっせかつけてきた帳簿ってやつは、そこで完結するものではないのです。あくまでもそれは「損益計算書（もしくは収支内訳書）」をこさえるために、前もって領収書とかを整理しときましたぁって位置づけになるんですね。

「それじゃあ、今まで記帳してきた帳簿は最終的にどうでもいいですよってなるわけですか？　それはあまりにもご無体ではないですか……と我々下々のものは思う

わけですが」

「いやいや、あくまでも『いちいちそこまで毎回は見ない』ってだけなんで、何かあったときは帳簿を頼ることになりますよ。だから必要なのは間違いない。でもね、それは提出するものじゃないんです。出してもらっても邪魔だから、そっちに置いといてねー、もちろん税務調査のときは見ますからねーってやつなんです」

「ほうほう……って、勝手な言い分だなぁ」

「ははは。ってことはですね、何か提出しないといけなくなっちゃうでしょ？　それもできれば一目で利益がビシッとわかるものが望ましい。それが、『損益計算書（もしくは収支内訳書）』というわけです」

1年の終わりをむかえたら、待っているのが決算処理です。つまりはその年の経費をあまさず記録し、12月31日時点で残っている商品なんかは棚卸資産として計上し、未収になっている売上を計上し、未払金を処理して、減価償却もすませます。んでもって帳簿は締めて、さぁ集計となるわけです。

「はぁ……、なんか聞いてるだけで気が重くなってきましたよ」

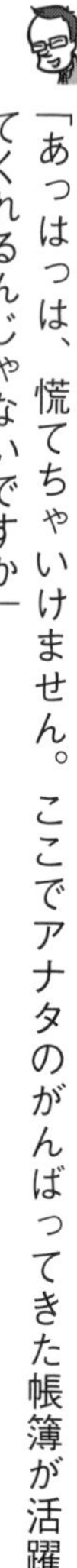

「あっはっは、慌てちゃいけません。ここでアナタのがんばってきた帳簿が活躍してくれるんじゃないですか」

そう、集計にはもちろん帳簿を使います。帳簿にはその年のすべてが記録として残ってますので、集計だってコイツをひも解けば一目瞭然、今さら領収書と格闘する必要はありません。そう考えれば、やっぱりちゃんと役立つようにはなってるわけですよ。

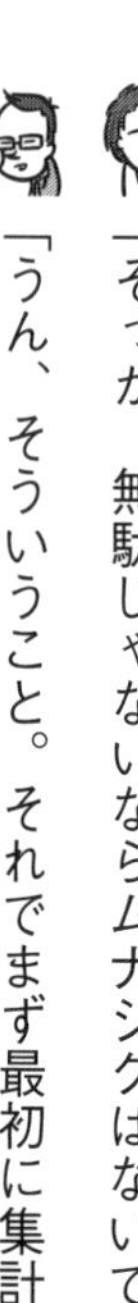

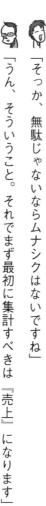

「そっか、無駄じゃないならムナシクはないですね」

「うん、そういうこと。それでまず最初に集計すべきは『売上』になります」

年間にいくら売り上げたのか、もちろんそれがわからなきゃ利益の出しようがありませんからね。

「次に仕入れなどの『売上原価』や、『必要経費』を集計します。そして、それらを『売上』から差し引いて、利益を求めるわけです」

式にするとこんな感じ。

売上－（売上原価＋必要経費）＝利益

「損益計算書（もしくは収支内訳書）」というのは、結局のところこの式に数字を当てはめたものを記入すればよいだけなのです。もっとも、それじゃあまりにドンブリ勘定に過ぎるので、たとえば経費は勘定科目ごとに集計を記すといったように、ある程度は細かく内情をはかり知ることができるような書式になってますけどね。

「利益が出れば、あとはいろんな控除を差し引いたりすることで実際の税額が出てくるわけ。そしたらそれを持って確定申告へGOですよ」

「なるほどー。でもあれですねー、わざわざお金を支払いに行くと思ったら、気が重たくてしょうがないですよねー」

「な、なに言ってんですか！ アンタの場合は原稿収入が主なんだから、源泉徴収で税金取られまくってんでしょが。だから取り返しにいくんですよ」

「そ、そっか。忘れてました」

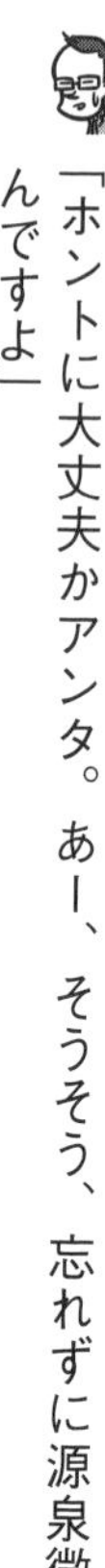

「ホントに大丈夫かアンタ。あー、そうそう、忘れずに源泉徴収税額の集計も出すんですよ」

1年間、よくがんばって記帳しましたね…な
こんもりと
仕事の家計簿
ボロっちく
アナタの大事な帳簿くん

ところが税務署さんときたら
わかりやすく
1枚にまとめてね♡
そんなのにいちいち目を通しちゃくれません
まぁ、見られても困るわな

そんなわけで提出するのは
白色なら 収支内訳書
青色なら 損益計算書
…という紙っぺらのみ
売上－経費＝利益
を記載する

ドライというかなんつーか
ようは税金がいくらかわかりゃいいのねっ
ハイ そのとおり
合理的ですね♡

第4章

ムダなく納税の
青色申告

Section 1

青のはじまりは申請から

さて、どうせ記帳するなら青色申告にしといたほうが、いろんな特典があってお得ですよーということらしいのだけど、じゃあ青色申告ってどうやるもんなんでしょ。

今年やりたいなぁと思ったら、確定申告のときにそういう用紙で出せばいいわけ？

「いやいや、**青色申告は開業から2か月以内か、その年の3月15日までに申請を出した人しかできない**のです」

あら、じゃあ突然思い立っても、それじゃその年はもうダメですよってこと？

「まぁ、そうですね。ただ、思い立ったならとりあえずそこから記帳する練習をはじめておけば後につながるよ……とは思いますけども」

……だそうです。

青色申告とは、あくまでも「青色申告するよー」という申請を出して、税務署に承認してもらった人にだけ認められる制度です。正確には「**所得税の青色申告承認申請書**」という書類を税務署に提出した人が、青色申告することを認めてもらえるってことになります。

この書類、名前だけは立派ですが、別になんてことはない「やるよー」と申し出るだけの書類ですので、10分もあれば書けちゃいます。一応青色申告をするためには「記帳すること」や「領収書などを保存しとくこと」が義務づけられていますので、この申請書によって「ちゃんとやります」と誓わせるみたいなもんでしょうか。

ただ、簿記方式を記載する欄ってのがあって、これには気をつけなきゃいけません。この簿記方式によって青色申告特別控除額ってもんが変わってきちゃうんです。次の項目で詳しくふれていきますけども。

✎「所得税の青色申告承認申請書」記入の手引き

税務署受付印　　　　　　　　　　　　　　　　　1090

所得税の青色申告承認申請書

千葉南　税務署長

4 年 3 月 10 日提出

納税地	☑住所地・○居所地・○事業所等（該当するものを選択してください。） （〒266－XXXX） 千葉市緑区○○町XX－△△ （TEL 043－000－0000）
上記以外の住所地・事業所等	納税地以外に住所地・事業所等がある場合は記載します。 （〒　－　） （TEL　－　－　）
フリガナ	キタミ リュウジ
氏名	きたみ りゅうじ
生年月日	○大正 ☑昭和 ○平成 ○令和　47年11月15日生
職業	文筆業
フリガナ	キタミザツブンコウボウ
屋号	キタミ雑文工房

令和 4 年分以後の所得税の申告は、青色申告書によりたいので申請します。

1　事業所又は所得の基因となる資産の名称及びその所在地（事業所又は資産の異なるごとに記載します。）

名称＿＿＿＿＿　所在地 千葉市緑区○○町XX－△△

名称＿＿＿＿＿　所在地＿＿＿＿＿

2　所得の種類（該当する事項を選択してください。）

☑事業所得　・○不動産所得　・○山林所得

3　いままでに青色申告承認の取消しを受けたこと又は取りやめをしたことの有無

(1)　○有（○取消し・○取りやめ）　＿年＿月＿日　　(2)　☑無

4　本年1月16日以後新たに業務を開始した場合、その開始した年月日　＿年＿月＿日

5　相続による事業承継の有無

(1)　○有　相続開始年月日　＿年＿月＿日　被相続人の氏名

6　その他参考事項

(1)　簿記方式（青色申告のための簿記の方法のうち、該当するものを選択してください。）

☑複式簿記・○簡易簿記・○その他（　）

(2)　備付帳簿名（青色申告のため備付ける帳簿名を選択してください。）

☑現金出納帳・○売掛帳・○買掛帳・○経費帳・○固定資産台帳・○預金出納帳・○手形…
○債権債務記入帳・☑総勘定元帳・○仕訳帳・☑入金伝票・☑出金伝票・☑振替伝票・○…その他

(3)　その他

関与税理士

（TEL　－　－　）

税務署整理欄	整理番号	関係部門連絡	A	B
	0			
	通信日付印の年月日	確認		
	年　月　日			

単に項目を埋めるだけ
事業所得にチェック
ここが「有」の場合は承認されないこともあるので注意
うるとらすぺしゃる重要項目!!
55万円控除または65万円控除なら複式簿記
10万円控除なら簡易簿記
…を選択すること

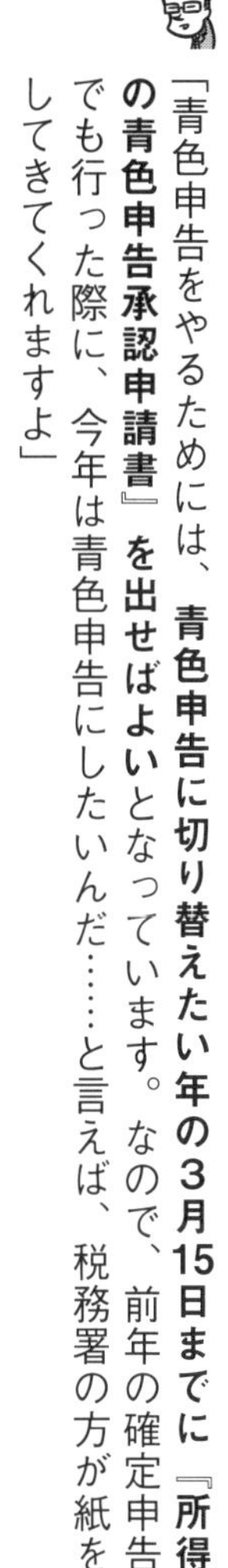

「青色申告をやるためには、**青色申告に切り替えたい年の3月15日までに『所得税の青色申告承認申請書』を出せばよい**となっています。なので、前年の確定申告にでも行った際に、今年は青色申告にしたいんだ……と言えば、税務署の方が紙を出してきてくれますよ」

「なーんかめんどくさいですねぇ。試しにやってみて、やっぱしんどいからやめたーってやりづらいじゃないですかこれじゃあ」

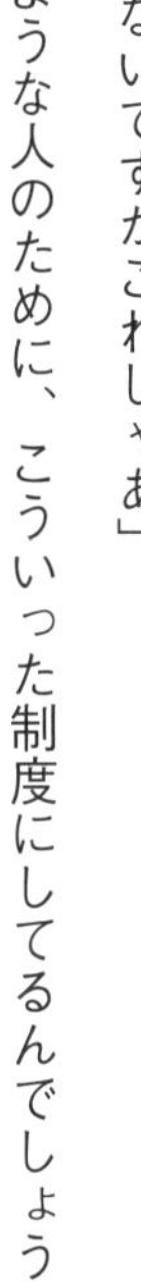

「……まさにアナタのような人のために、こういった制度にしてるんでしょうね」

青色申告に
青色はメリット山もりらしいから…
今年はオレもそっちで申告するとしよう
しようと思うなら
その年の3月15日までに
申請書を出さなきゃいけません
青色はコチラ
令和〇年確定申告
こうならないよう
アナタ申請してないからダメって言われても
知らなかったんだもん そんなのさあ…
ご注意を…

Section 2

記帳水準でかわる控除額

「青色申告を選択することで得ることのできる、もっとも単純でわかりやすい特典は**青色申告特別控除**でしょうね」

「あの10万円控除とか、55万円控除とかいうやつですよね」

「そう。付け加えるとe-Taxで電子申告をしている場合※、55万円控除は10万円増額されて65万円控除になります」

「ほうほう」

「当然控除なわけですからその分を所得から差し引くことができて、必然的に税金も安くなるわけです。**最低税率の所得税と住民税で考えても、年に1万5千円から9万7千5百円が返ってくる**計算になりますね」

※正確には「帳簿書類に係る電磁的記録の備付け及び保存を行っている場合」もしくは「電子申告している場合」のいずれかとなります。

「おー、でかいですね」

「青色申告にしてますよーってだけでそれだけの控除が受けられるんだから大きいですよね。とはいえ先ほどの10万円控除か55万円（65万円）控除かというように、ある一定要件を満たすか否かで、その控除額は大きく違ってしまうので注意が必要です」

さて、白色申告に要する手間と、青色申告に要する手間、これってじつはさほどかわらないんですよーというのは、「青色申告特別控除10万円」の場合です。これが、青色申告を申請して認められれば、全員が得ることのできる控除額……ってことになるわけです。まぁ青色申告であるからして当然記帳作業は必要ですが、それは簡易簿記という家計簿的なお小遣い帳をつけとけばいい話でしたね。今は白色申告でも記帳義務が課せられるようになっているので、よほど煩雑な入出金が発生する現金商売でもしてるんじゃない限り、両者のちがいはほぼゼロに近いと言ってよい状態になっています。

ところが「青色申告特別控除55万円」を目指そうとすると、ハードルはぐぐっと高くなってきます。こいつには**三要件を満たすこと**……ってな話があって、「事業的規模であること」「貸借対照表を提出すること」「申告期限内に確定申告書を提出すること」の三点を満たしてなきゃいけません。

まず「**事業的規模であること**」というのは、それが本業じゃなきゃ駄目だよーってこと。生活の基盤をその仕事で築いてるか否かってことですね。

次に「**貸借対照表を提出すること**」。これ、複式簿記っていう記帳のやり方で帳簿を作成したときに、最後の集計として「資産」「負債」「資本」「収益」「費用」という五要素のうち、資産と負債と資本の部分を1枚の紙で書き表したものなんです。複式簿記っていうのは、単にお金の出し入れを管理するだけじゃなくて、たとえば入金なら「いついつ何の仕事でいくら売り上げた」から「いついつ実際に入金がされた」というところまで管理する、ややこしいややこしい記帳形式です。これをやったうえで、それを厳密に集計した紙を出せってなるわけだから、もうごまかすのなんか絶対ムリ〜ってなくらいに細かな数字でバランス取りされてるんですね。それを出せと。

そして最後にくるのが「**申告期限内に確定申告書を提出すること**」です。これは簡単。確定申告の期限として定められた3月15日までに申告しましょうね〜ってお約束をちゃんと守ればよいだけですからね。もしうっかりして「やべ〜、3月15日までに税務署にいく時間がとれね〜」って場合には、お近くの郵便局へと駆け込みましょう。税務署には行けなくとも、郵便局で確定申告書類一式の郵送を受け付けてもらえれば、その時点で提出はすんだと見なしてもらえます。

ようするに、本業でかっちりした記帳をしていて毎年3月15日までに申告をすませてくれる人……は、申請すれば「青色申告特別控除55万円」が認められますよ、ついでにe－Taxで電子申告してくれたら65万円控除に増額しますからねというわけです。ちなみにそうしたいという場合には、「所得税の青色申告承認申請書」で**簿記方式として「複式簿記」を選択してなきゃいけません**ので、それはお忘れなきように。

「……と、だらだら話を展開したわけですが、結局はあれですね、複式簿記で記帳ができるか否かが一番のポイントだっていってよいでしょうね」

「でもそれはボクにでもできる程度なことなんですよね？」

「んなわけないでしょ。簿記の資格でも持ってなきゃ、あんなん手書きでやれないわれてアンタみたいな素人ができるわきゃない」

「じゃあ駄目じゃないですか～」

「あはははは、ウソですよ。手書きじゃ難しいですけど、今はパソコンでフォローしてもらえるようになってるんで、そうしたパソコンソフトを使ってやるのならアナタでも大丈夫でしょう」

「そ、そうなんですか！　あ〜よかった。やっぱどうせなら10万円控除より、55万円控除を目指したいですからね。当然申告はe-Taxを使って65万円控除にしてやりますよ」

「今どきのパソコンソフトなら…たとえば『やよいの青色申告』とか、流行(はや)りのクラウド会計サービス（マネーフォワード[※1]やfreee[※2]など）とかですけど、あのへんを使えば最後の貸借対照表まで作ってくれますからね。便利な時代になったもんですよ」

「あっはっはっ、それじゃあアレですか？　ひょっとしてセンセーもオマンマの食いっぱぐれだとか？」

「フン、私らにはね、そういう事務作業だけじゃ追っつけないようなノウハウってもんが詰まってるんですよ」

「……（ブルブル）……、ス、スミマセン」

「まぁ、それはおいといても、たとえば記帳作業は個人の方が自分ですませて、こっちはその内容だけをチェックするとか。たとえば領収書を送付いただいて、その入力もやってさしあげるとか。お値段いろいろ、お仕事いろいろで、口が減ったというよりも選択肢は逆に増えてますね。メールでやりとりがすめば、交通費も請求

※1　マネーフォワード クラウド確定申告（https://biz.moneyforward.com/tax_return）
※2　クラウド会計ソフト freee（https://www.freee.co.jp/）

しなくてすむわけだし」

「その分お安くできる？」

「もちろんです。消費税とか関係なきゃ、受け方によっては月1万円とかでもすんじゃうかもね。詳しくみてみないと一律いくらー……とは言えないけど」

「じゃ、じゃあボクもお願いしようかな」

「いや、アンタの場合はさすがに費用対効果としてどうよそれって思いますよ？」

「……もっと稼いでから出直します」

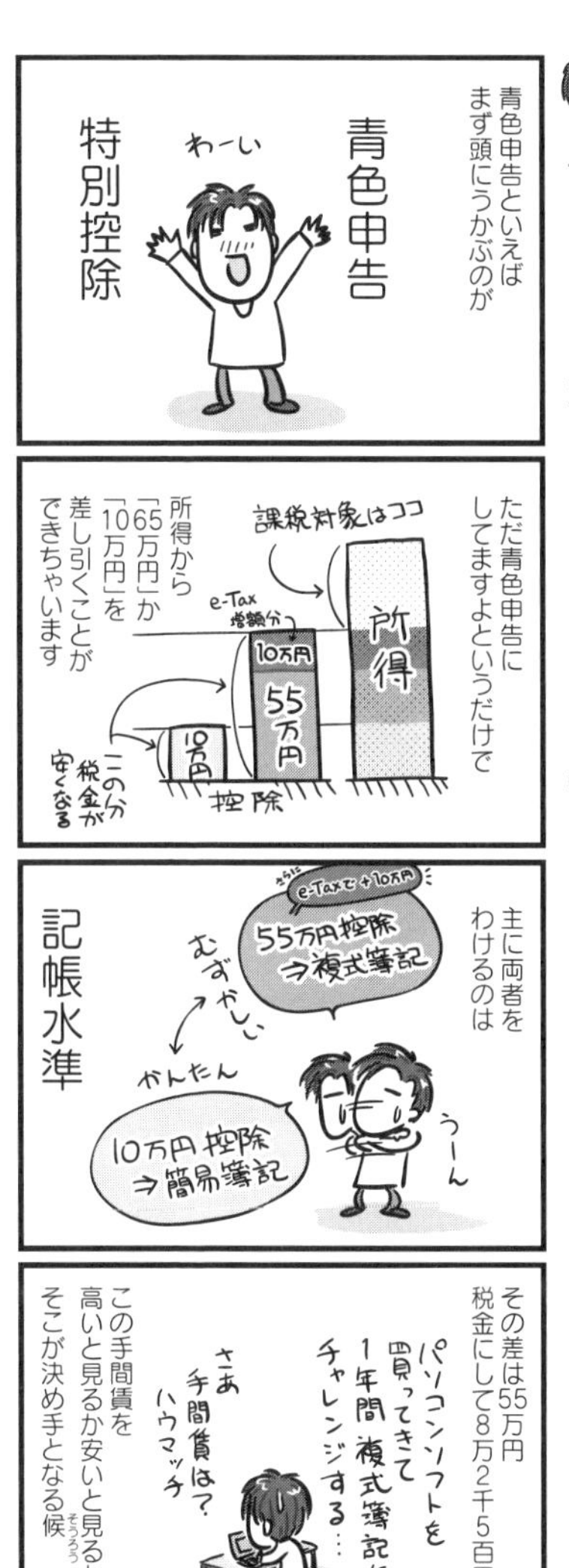

青色申告といえば
まず頭にうかぶのが
青色申告
わーい
特別控除
ただ青色申告に
してますよというだけで
課税対象はココ
所得
e-Tax 増額分
10万円
55万円
10万円
控除
この分税金が安くなる
所得から
「65万円」か
「10万円」を
差し引くことが
できちゃいます
主に両者を
わけるのは
さらに e-Taxで＋10万円
55万円控除 ⇒複式簿記
むずかしい
かんたん
10万円控除 ⇒簡易簿記
う～ん
記帳水準
その差は55万円
税金にして8万2千5百円※
パソコンソフトを買ってきて1年間複式簿記にチャレンジする…
さあ 手間賃は？ ハウマッチ
この手間賃を
高いと見るか安いと見るか、
そこが決め手となる候（そうろう）
※所得税率5%＋住民税率10%の場合

Section 3

他にはどんなメリットが？

「青色申告特別控除ってのはわかりました。わかりました……なんですけど、10万円控除だと所詮は所得税と住民税を合わせても1万5千円が浮くかどうかってとこですよね。他にはメリットってないんですか？」

「もちろんありますとも。ただ、細かいとこをグチグチやってもしょうがないので、代表的なものを挙げていきましょうか」

さて、「青色申告だぜ～」といったときに、青色申告特別控除とならんでまず挙げられるメリットが、「**青色専従者給与**」ってやつです。これ、同一生計の配偶者など……っていうかつまりは嫁さんなんかを、たとえばアシスタントさんなどにして給与を払えるようになるのです。払えるようになる……ってのは、支払った給与を経費として見なしてもらえるってこと。ようするに青色申告にしてないと、身内に払った給与は一切経費と見なしてもらえないのです。

続いてこれは便利だなーという制度が「**少額減価償却資産（30万円未満）の一括償却措置**」。なんと30万円未満の品なら、その年に一括償却してしまえるんです。これは特例措置なので、いつまで続くかわかんないですけどね。

そして最後にお待ちかね、「**純損失の繰越控除**」の出番です。赤字は翌年に繰り越せちゃうの。当然次の年に利益が出たら、繰り越した赤字分をそこから控除することができます。赤字が赤字で終わらないいんだからありがたい。

「……と、そんなとこですかね大きいのだと。まぁそれぞれ詳しいことは後でふれるといたしますが」

「これらは10万円控除の場合でも同じく受けられるメリットなんですか？」

「そうですよー。だから**白色申告するくらいなら、10万円控除でいいから青色申告を選択したほうが得**なんですよ」

「ホントですね。特に赤字を持ち越せるのなんかサイコーですよ。これで安心して赤字になることができますよね」

「……赤字で安心しちゃいかんでしょ」

記帳水準に
左右されることなく
……
ん〜〜と
青色なら受けられる
様々なメリットたち…
身内に支払った
給与を経費にできる
「青色専従者給与」
カミさんとかね
…とか
パソコン
買ったりね
30万円未満の
固定資産を
一括償却できる
「少額減価償却
資産の一括償却」
…とか
そして忘れちゃいけない
わ〜い
赤字が出たら
次年度以降に
繰り越せる
「純損失の
繰越控除」
…とか
赤字なんだから
喜んでる場合じゃ
ないんだけど
よかった
よかった…
これで
ひと安心だ
繰り越せると聞いて
ほっとしてしまうのが
フリーの悲しい性ってやつか…

Section 4 貸借対照表と事業主貸・事業主借

「センセー」

「はい？　どうしましたか？」

「複式簿記はパソコンにお任せってことでいいと思ったんですけど、どうにもなんだか借方がどーとか貸方がどーとか出てきて意味がわからんです。いや、普通に帳簿つける分には問題ないんだろうけど、貸借の言葉が出てきたとたんにわけがわからんくなる……」

「ああ、なるほど」

「マニュアルで指示された通りに経費つけてるだけなんで、問題ないっちゃないんですが……」

「……意味がわからないまま数字入れてるのは気持ちが悪い、ってことですね」

「はい」

記帳時にとかく頭をこんがらがらせてくれるのが、「借方」や「貸方」といった用語です。必ず毎度借方と貸方を書かされるんだけど、なんでそんなことになるのかがわからない。借り？　貸し？　どういうこと？　なんで入金を借りに書くの？　誰に借りたの？

……となるわけです。

「それねぇ、借りとか貸しとか言葉で見るからややこしいんですよね。その言葉自体に意味はないんで、もう『左側グループ』とか、『右側グループ』って言い方でかまわないですよ」

「は？」

複式簿記で記帳していくと、最後に集計した結果として「貸借対照表」と「損益計算書」が作られます。「貸借対照表」は簿記の五要素である「資産」「負債」「資本」「収益」「費用」

の中から、「資産」「負債」「資本」の三要素を集計したもの。「損益計算書」は残りの「収益」と「費用」とを集計したものです。そんなわけだから、この両者を用いることで五要素がきっちり矛盾することなく帳尻あわせできているか確認できるわけです。

つまり複式簿記ってのは、日々の営みってやつをですね、この**五要素（資産、負債、資本、収益、費用）に振り分けながら帳簿につけていく**っていうものなんです。そうやって振り分けているからこそ、「貸借対照表」や「損益計算書」といった集計書が作れるんですよってわけ。

「で、この五要素っていうのがですね、それぞれプラスの値を左に書くか、右に書くかが決まっていて、スパッと二つのグループに分かれるようになってるんですよ。この左に書くか右に書くかってのを、ようは便宜上『借方』に書くか『貸方』に書くかと言ってるわけ。その程度の意味なのよこの言葉って」

「わかった……ようなわかんないような」

「まぁ、詳しくは次の図でも見てくださいな」

簿記の五要素である資産・負債・資本・収益・費用ってのは、それぞれプラスの値を左側（借方）に書くか、右側（貸方）に書くかが決まっています。

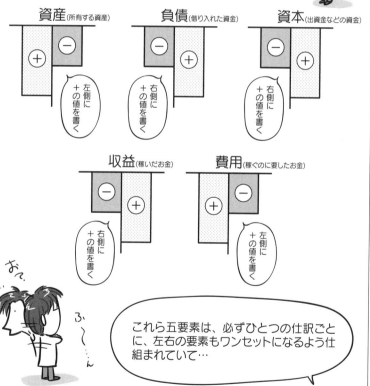

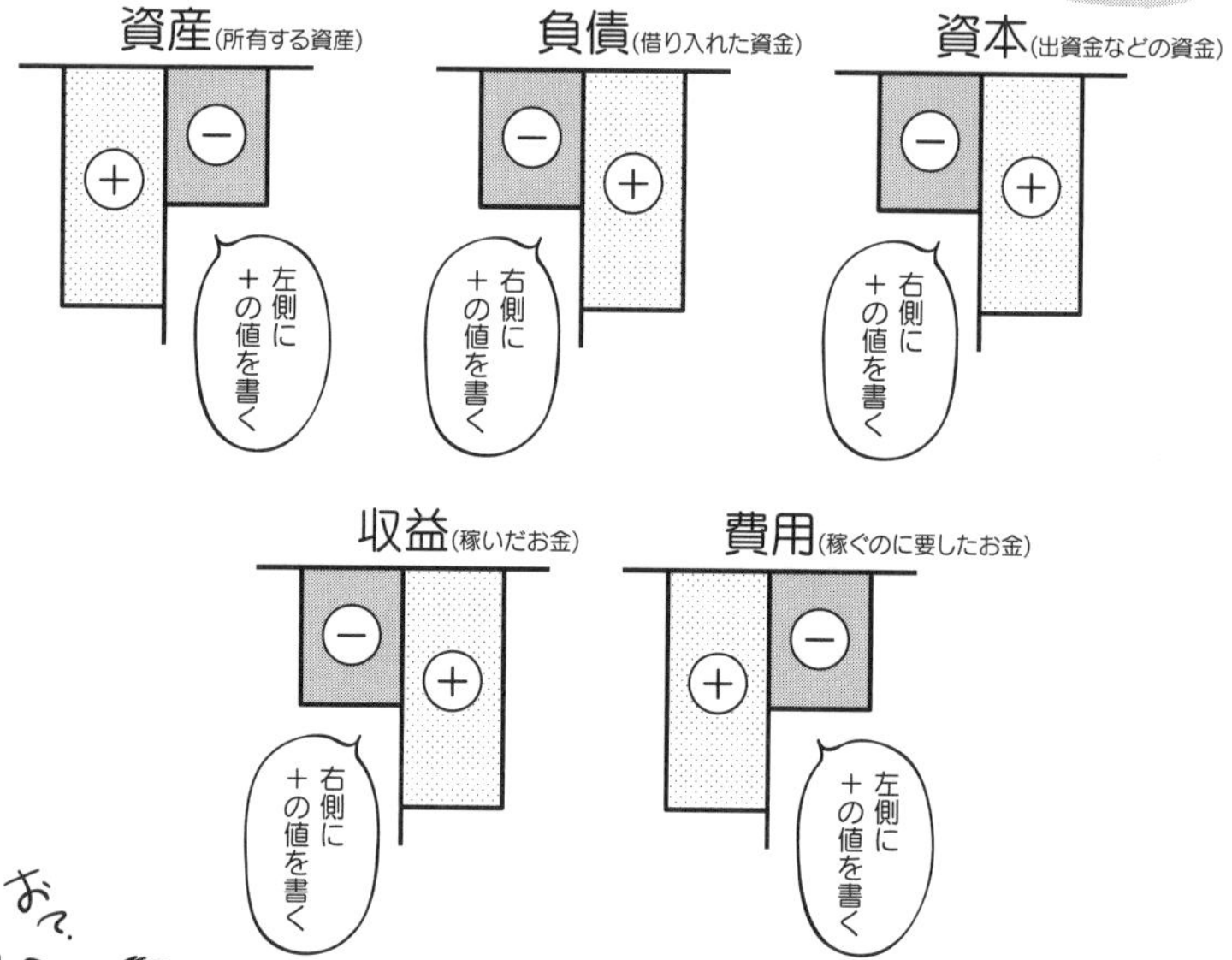

資産（所有する資産）

＋	－

左側に＋の値を書く

負債（借り入れた資金）

－	＋

右側に＋の値を書く

資本（出資金などの資金）

－	＋

右側に＋の値を書く

収益（稼いだお金）

－	＋

右側に＋の値を書く

費用（稼ぐのに要したお金）

＋	－

左側に＋の値を書く

おて。

ふ〜…ん

これら五要素は、必ずひとつの仕訳ごとに、左右の要素もワンセットになるよう仕組まれていて…

借方貸方解説

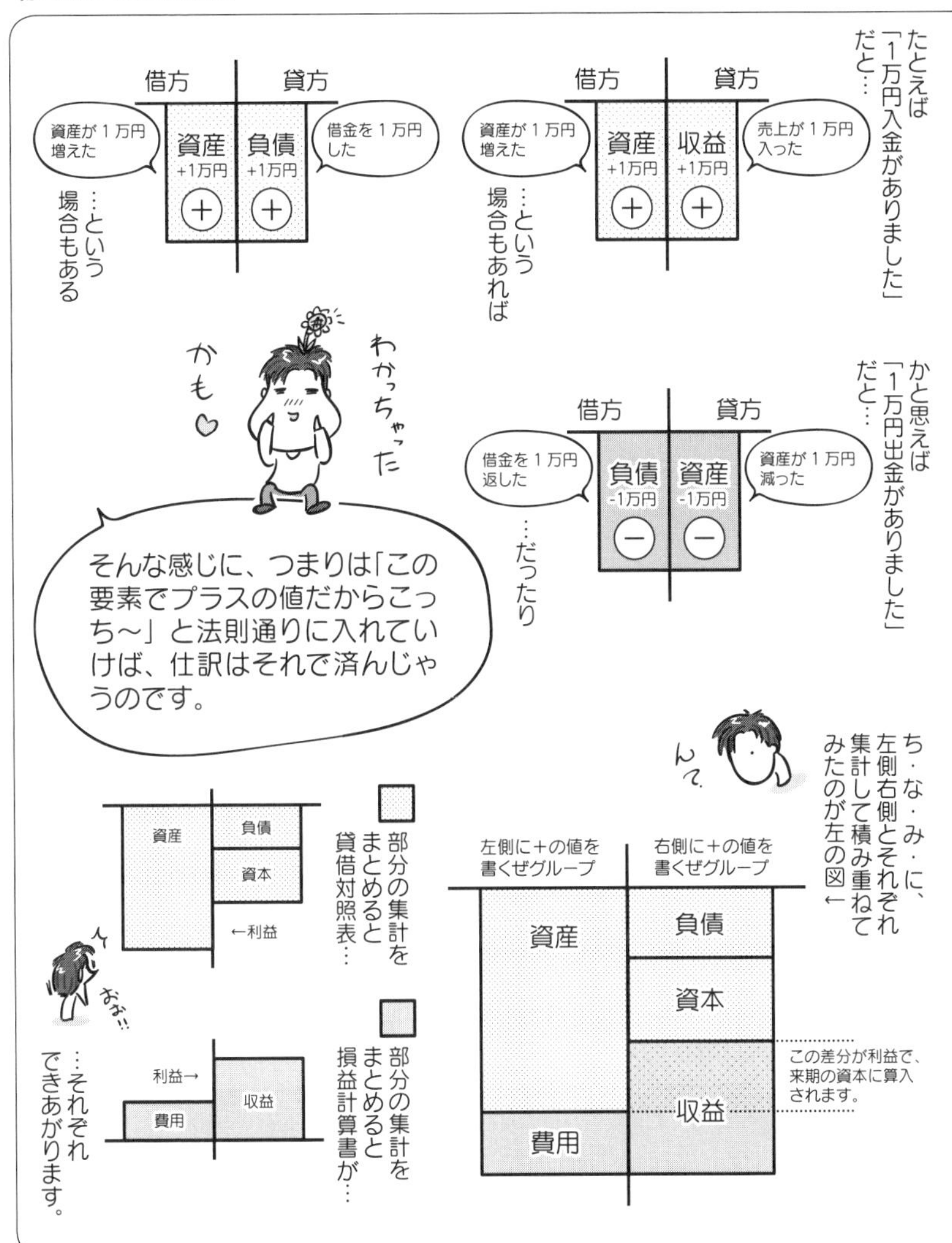
たとえば「1万円入金がありました」だと…
借方
貸方
資産が1万円増えた
資産 +1万円
収益 +1万円
売上が1万円入った
…という場合もあれば
借方
貸方
資産が1万円増えた
資産 +1万円
負債 +1万円
借金を1万円した
…という場合もある
かと思えば「1万円出金がありました」だと…
借方
貸方
借金を1万円返した
負債 -1万円
資産 -1万円
資産が1万円減った
…だったり
わかっちゃった
かも
そんな感じに、つまりは「この要素でプラスの値だからこっち～」と法則通りに入れていけば、仕訳はそれで済んじゃうのです。
ち・な・み・に、左側右側とそれぞれ集計して積み重ねてみたのが左の図←
んで
左側に＋の値を書くぜグループ
右側に＋の値を書くぜグループ
資産
負債
資本
収益
費用
この差分が利益で、来期の資本に算入されます。
部分の集計をまとめると貸借対照表…
資産
負債
資本
←利益
部分の集計をまとめると損益計算書が…
利益→
収益
費用
…それぞれできあがります。
おお!!

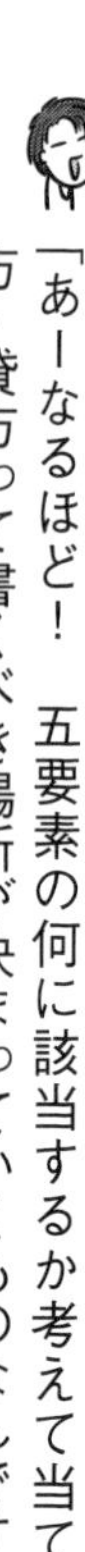

「あーなるほど！　五要素の何に該当するか考えて当てはめていけば、自動的に借方・貸方って書くべき場所が決まっていくものなんですね」

「はい、その通り。ついでにこうして見ると、貸借対照表ってのが、単に五要素のうち『資産』『負債』『資本』の三要素を各々集計して、それを右と左で積み重ねただけですよーってのもわかるでしょ？」

「はい！」

「考えてみりゃ単純な仕組みなんだけど、それで隅々までバランスの取れた帳簿ってのができあがるんだから実に奥が深いんですよ簿記ってやつぁ」

ははぁ、そうですかぁ……と締めくくりたいところですが、いやいや話はそれだけじゃ終わりません。

「でもセンセー、『事業主借』と『事業主貸』はどうなんですか？　あれもやっぱり借方とかと同じわけですか？」

「ははは、あれは借方貸方とはまるで関係ないです。あれはその言葉通り、『事業主から借りたお金』と『事業主に貸したお金』とをつける費目のことですね」

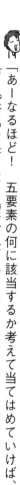

普通に事業の入出金だけを管理してるなら問題ないのですが、通帳上のお金の流れまですべて記録していくとなると、どうしてもそこには「生活費として使うお金」ってものが出てきます。当然ですね、稼いだお金でオマンマ食っててんですから。また、それとは逆に、「ちょっと運転資金が足んないなぁ」ってときに、いっときだけお家の預金から立て替えておく……なんてこともあるでしょう。

青色申告で、きっちり帳簿をつけまっせとなると、こうしたお金の流れというものも、キチンと帳簿上に記録しておかなきゃいけなくなるのです。それで、「事業主借」「事業主貸」などという、事業主との貸し借りを記す費目が必要なわけですね。

「事業主のフトコロから立て替えたお金は『事業主借』、事業主に生活費などで支給したお金は『事業主貸』として記帳する。それだけのことです」

「そうですか、貸し借りなんて文字がくっついてても、ぜんぜん別物だったんですか」

「まぁ、確かにまぎらわしいですね」

いやよかったよかった。これでパソコンソフトを使って記帳してても、いちいち「あれれぇ」と悩みながらキーを叩かなくてすみますよ。うんうん。

「あ！　センセー、あといっこ、あといっこ質問がありました！」

「はい、なんでしょう？」

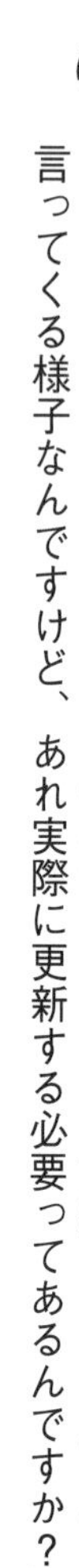

「パソコンの記帳用ソフトって、毎年新バージョンに更新せぇよーみたいな感じで言ってくる様子なんですけど、あれ実際に更新する必要ってあるんですか？」

「うーん、記帳に使う……というだけであれば、先に述べた五要素を記録していくという複式簿記の基本自体は変化しませんので必要ないですね。ただ、それで申告までお任せにしたいというのであれば、確定申告は毎年ちょこっとずつ何か変わってたりするので、更新しておいたほうが無難かもしれません」

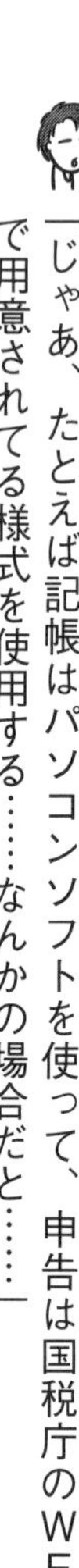

「じゃあ、たとえば記帳はパソコンソフトを使って、申告は国税庁のＷＥＢサイトで用意されてる様式を使用する……なんかの場合だと……」

「更新は必要ないですね。まぁそれでも税制上何が変わったとかいうのは、念のためにアンテナ張っておいたほうがいいと思いますけども」

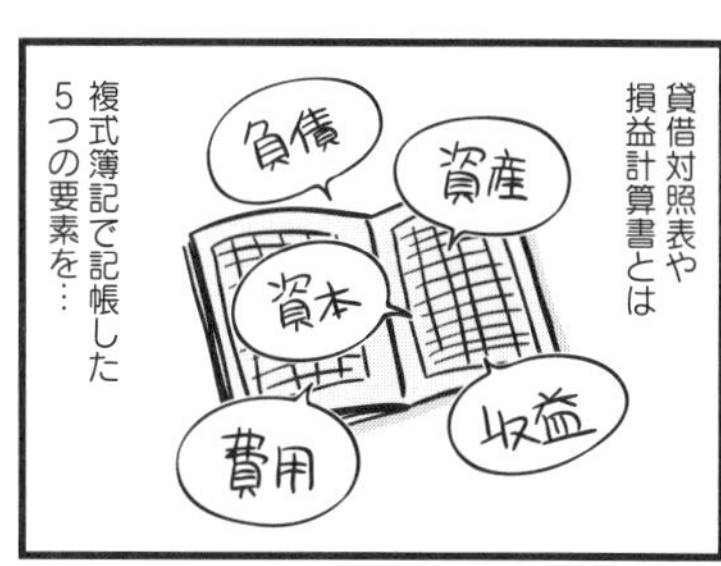
貸借対照表や損益計算書とは
負債
資産
資本
収益
費用
複式簿記で記帳した5つの要素を…

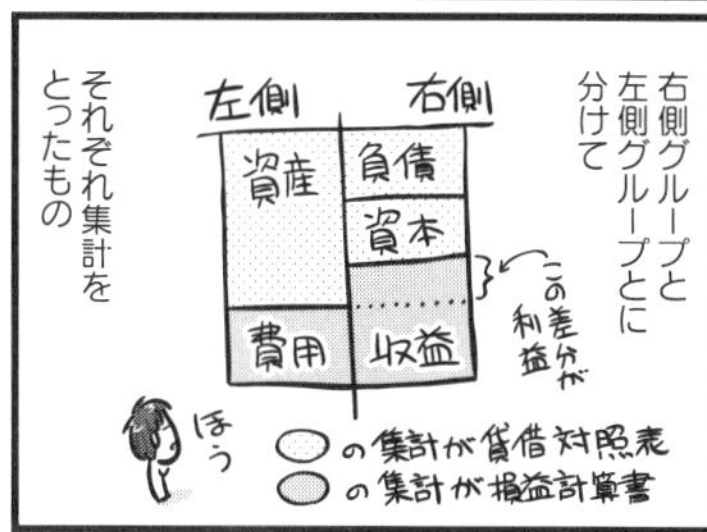
右側グループと左側グループとに分けて
左側
右側
資産
負債
資本
この差分が利益
費用
収益
ほう
の集計が貸借対照表
の集計が損益計算書
それぞれ集計をとったもの

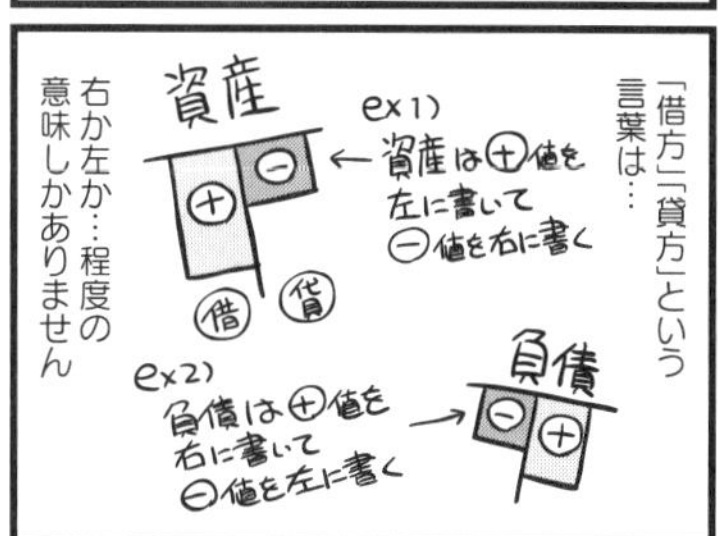
「借方」「貸方」という言葉は…
資産
ex1）資産は⊕値を左に書いて⊖値を右に書く
借
貸
ex2）負債は⊕値を右に書いて⊖値を左に書く
負債
右か左か…程度の意味しかありません

んでもって、「事業主借」とか「事業主貸」ってのは…
事業用のお金と…
個人用のお金とを…
…区別するためだけの言葉なので、お間違えのなきように

Section 5 青色専従者給与はメリットいっぱい

青色専従者給与というのは、「**同一生計の配偶者などに支払った給与を経費とすることができる**」制度です。ようするに、嫁さんとか子どもとかに仕事を手伝ってもらって、その報酬に支払った給与をきちんと経費として計上することができますよってことですね。

「これを利用しないと、身内に払った給与は経費にさせてもらえないのです」

「ケチですねぇ。別にいいじゃんかと思っちゃいますけどねー」

……とはいえ、身内でのお金のやり取りは、どこかで一線引いておかないとドンブリ勘定で好き放題になっちゃうのもこれまた事実。青色申告と青色専従者給与のコンボ技は、そうした線引きをきちっとすることで、まぁ例外的に認めてあげてもいいでしょうという位置づけにある制度です。

線引きをきちっとするのが前提なわけですから、「今からコイツをアシスタントにして給与出すね」なんて勝手に決めても、当然それは認められません。ちゃんと事前に線引きをしておかなきゃいかんのです。つまり、まずは申請してくださいな……と。

「青色専従者給与を認めてもらうためには、それを**経費に算入しようとする年の3月15日までに届け出**を提出しなきゃいけません」

税務署に行けば、「**青色事業専従者給与に関する届出書**」というものがもらえます。これに、専従者となる者の氏名とか、自分との続柄とか、やってもらう仕事内容とか、そういったのを記載して提出するのです。

「特に大事なのは給料と賞与の金額や昇給の基準ですね」

この用紙には、支払う給料とその支給期とか、賞与の金額とその支給期とかも書かなくちゃいけません。支給期というのは支払う日のことなので、まぁ「毎月いつを給料日にしよっか～」とか、「ボーナスは何月にしよっか～」なんてのを決めるだけで、これは勝手に設定すりゃいい話。問題は金額と昇給の基準なのです。

ここで注意すべきなのが、記載する金額というのは決して「実際に支払う額」を示すものではないってこと。**ここに書くのは「上限額」**なのです。たとえば給料の金額を「15万円」と書いたとしたら、それは「15万円までは払うかもしれない」ってだけの意味で、実際の給料は8万円でした～でも全然問題ありません。これは賞与に関しても同じです。一度届出を出してしまうと、後で上限を上げようと思ったときには、変更届出書を出さなきゃいけない……ってことになっちゃいますので、この点は気をつけて金額を設定するようにしましょう。

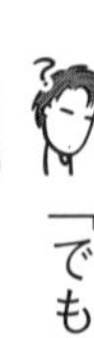

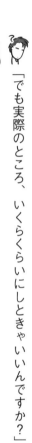

「でも実際のところ、いくらくらいにしときゃいいんですか？」

「仕事内容や、本業の売上次第って面が多分にありますので、いちがいには言えないんですよ。たとえば年収200万のライターさんが、事務作業をしてくれてる奥さんに180万円も手当てを払ってりゃ問題ありですが、年収2千万円の歯医者さんが、奥さんに事務作業代として180万円手当てを払ってても、別におかしくはないとなるでしょ？」

「あー、それはそうですね」

「だからまぁ、理由づけとバランスの問題ですね。昇給の基準に関しては……、『**従業員に準ずる**』とかにでもしときゃいいかな。お約束として」

ところでこの青色専従者給与、気をつけなきゃいけない点がいくつかあると聞きますが？

「ああ、まず**青色専従者ということになった人は、配偶者控除や扶養控除の対象となることができません。**なので、たとえば奥さんを青色専従者としたときは、配偶者控除の38万円が受けられないわけです」

したがって、奥さんに支払う給与額が年間で38万円よりも上になるよう設定しておかないと、青色専従者給与として経費に積み増すよりも、配偶者控除の38万円を受けておいたほうが得だった〜なんてことになりかねません。

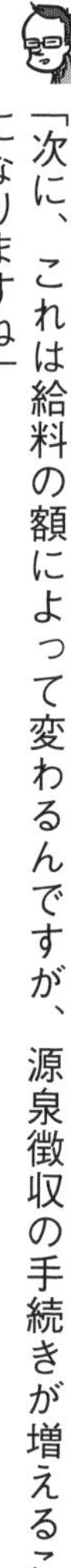
「次に、これは給料の額によって変わるんですが、源泉徴収の手続きが増えることになりますね」

給料を支払うということは、**源泉徴収の義務**が自分にのっかってくるよということを示します。なので毎月源泉徴収して、それを税務署へ納税しなきゃいかんとなるんですね。あらイヤだめんどくさい。

そんなん毎月やるのはめんどくさくてイヤだよーという場合には、「源泉所得税の納期の特例の承認に関する申請書」とかいう笑っちゃうくらい長たらしい名前の書類を一枚提出すれば、**半年に1回の納税で済む**ようになります。先の「青色事業専従者給与に関する届出書」を出すときにでも、あわせて提出しておくとよいでしょう。

ち・な・み・に、**月の給料が8万8千円未満であれば、源泉徴収する税額は0円**ってことになります。税額が発生する場合は近くの銀行でも納税を受け付けてくれるんですけど、税額がない場合は税務署まで「無税でした」って納付書を出しにいかなきゃいけません。これがなかなかめんどくさい。

「まあ年に2回のことですし、郵送で済ませちゃう手もありますしね」

「え？　でもうちの近所の税務署さんだと、ずっと0円なら毎回面倒でしょうから

「青色事業専従者給与に関する届出書」記入の手引き

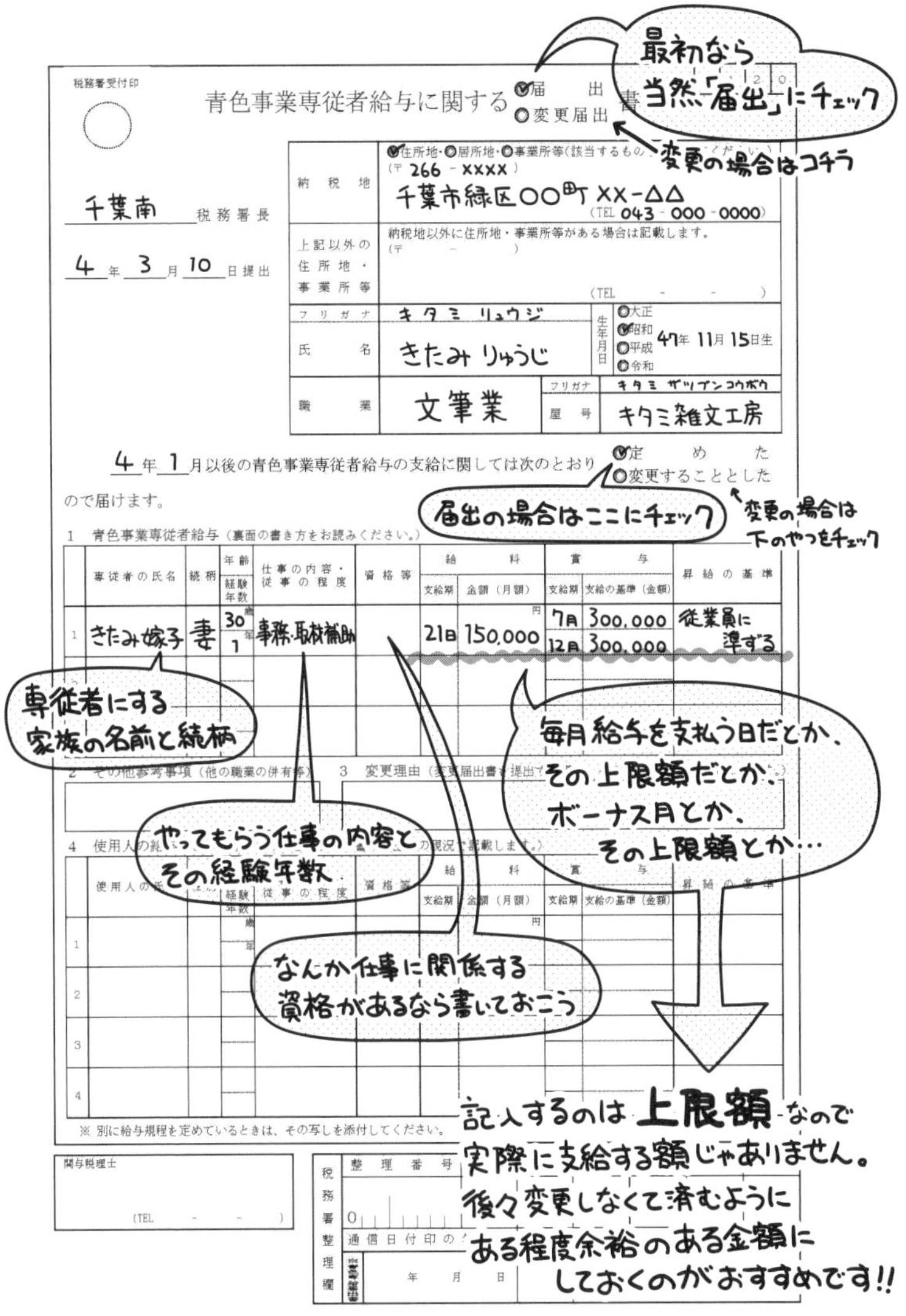

税務署受付印

青色事業専従者給与に関する ☑届出書 ◎変更届出書

千葉南 税務署長

4 年 3 月 10 日提出

納税地	☑住所地・◎居所地・◎事業所等（該当するものを○で囲んでください。） （〒266 - XXXX） 千葉市緑区〇〇町XX-△△ （TEL 043 - 000 - 0000）
上記以外の住所地・事業所等	納税地以外に住所地・事業所等がある場合は記載します。 （〒 - ） （TEL - - ）
フリガナ	キタミ リュウジ
氏名	きたみ りゅうじ
生年月日	◎大正 ☑昭和 ◎平成 ◎令和 47年 11月 15日生
職業	文筆業
フリガナ	キタミ ザツブンコウボウ
屋号	キタミ雑文工房

4 年 1 月以後の青色事業専従者給与の支給に関しては次のとおり ☑定めた ◎変更することとした ので届けます。

1 青色事業専従者給与（裏面の書き方をお読みください。）

	専従者の氏名	続柄	年齢 / 経験年数	仕事の内容・従事の程度	資格等	給料 支給期	給料 金額（月額）	賞与 支給期	賞与 支給の基準（金額）	昇給の基準
1	きたみ嫁子	妻	30歳 / 1年	事務・取材補助		21日	150,000円	7月 / 12月	300,000 / 300,000	従業員に準ずる
2										
3										

2 その他参考事項（他の職業の併有等）

3 変更理由（変更届出書を提出する場合、その理由を具体的に記載します。）

4 使用人の給与（この欄は、この届出書の提出日の現況で記載します。）

	使用人の氏名	性別	年齢 / 経験年数	仕事の内容・従事の程度	資格等	給料 支給期	給料 金額（月額）	賞与 支給期	賞与 支給の基準（金額）	昇給の基準
1			歳 / 年				円			
2										
3										
4										

※ 別に給与規程を定めているときは、その写しを添付してください。

関与税理士

（TEL - - ）

税務署整理欄 整理番号 / 0 / 通信日付印の年月日 / 年 月 日

最初なら当然「届出」にチェック
変更の場合はコチラ
届出の場合はここにチェック
変更の場合は下のやつをチェック
専従者にする家族の名前と続柄
毎月給与を支払う日だとか、その上限額だとか、ボーナス月とか、その上限額とか…
やってもらう仕事の内容とその経験年数
なんか仕事に関係する資格があるなら書いておこう
記入するのは上限額なので実際に支給する額じゃありません。後々変更しなくて済むようにある程度余裕のある金額にしておくのがおすすめです!!

今後はこっちでやっときますよって融通利かせてくれましたよ？」

「なにそれ!?　そんな事例初めて聞きましたよ!?」

あれ？　普通に感謝して甘えてたんだけど、あり得ないことだったのか……。

いずれにせよ、昨今はこれもｅ-Ｔａｘの利用者であれば、ネット経由で申告を済ませることができるようになりました。これだとずいぶん楽ですね。

「ふっふっふっふっ、甘いですね」

「どうしたんですか？　センセー」

「節税のために一番ミソとなるのはどこか、覚えてますか？」

「えーっと、んーっと、確か『売上ー経費＝所得』の式で、所得の部分をいかに低くおさえるか……って話じゃなかったでしたっけ？」

はい、大当たり。そして、所得は売上から経費を差し引いた結果なわけだから、経費をいかに積み増せるかってとこに節税のすべてがかかっているといって過言ではないのです。

「その点でね、この青色専従者給与ってのは、ひっじょーに腕の見せどころな使える制度であるわけですよ」

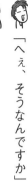

「へぇ、そうなんですか」

「そりゃそうでしょう〜、自分で給料額決めて経費に組み込めちゃうんだから、年間にウン百万単位で経費を増減できるなんてそうないですよ。しかも奥さんを青色専従者にしたら、そっちの側には給与所得控除まで適用されちゃうわけだから、当然その分も全体で見たら『経費が上乗せされた』となるわけです。でかいメリットですよね？」

「あー、言われてみればそうですねぇ」

奥さんの給料を増やせば、当然その人件費分は本業の経費が増えたことになって夫の所得が下がります。すると税率を押し下げる効果が期待できます。

いっぽう奥さんの側は給与所得者ということになりますので、自動的に給与所得控除という経費みたいなもんが認められることになっています。奥さんの収入だよと移した金額分も、その給与所得控除のおかげで税金が安くすむよとなるわけです。

給料を払うことで税率を押し下げて、さらに経費を積み増せる。

夫が1人で支払う場合と、奥さんと2人で支払う場合のシミュレーション

売上が 700 万円で、その内訳が「利益 500 万円、経費 200 万円」だった場合、さてどうなるか……

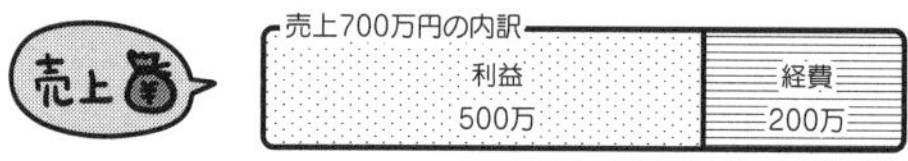

もし、1 人で単純に納税した場合、利益の 500 万円には次のように課税される

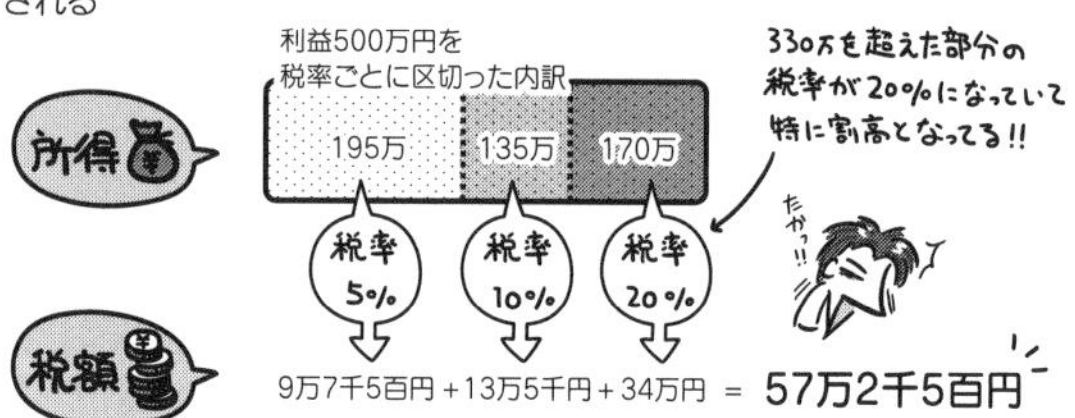

納税は2人で分けあいます

上記より、税率 20% 部分の 170 万円を青色専従者給与として支払った場合、利益の 500 万円には次のように課税される

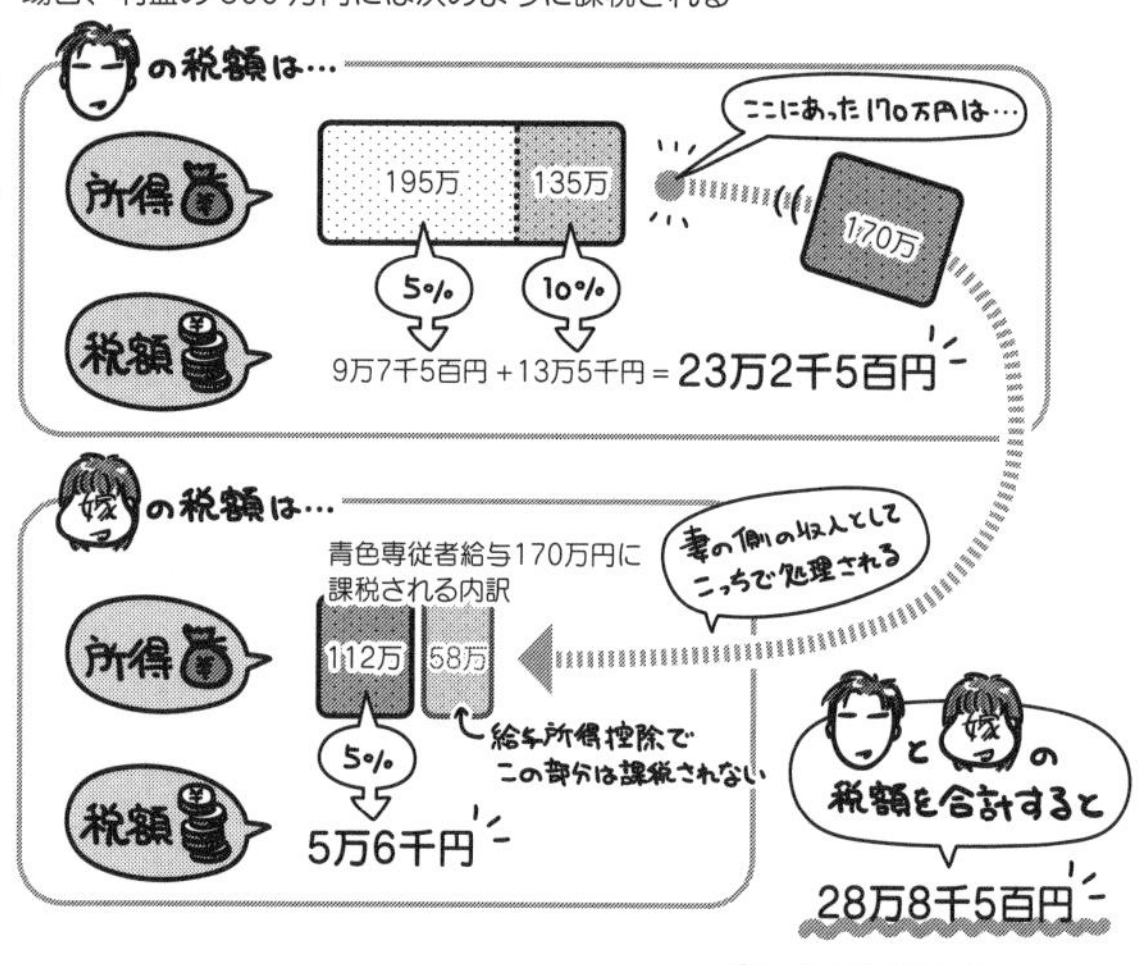

※話をわかりやすくするために、住民税と各種控除は無視しています。

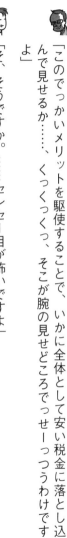

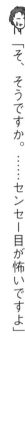

「このでっかいメリットを駆使することで、いかに全体として安い税金に落とし込んで見せるか……、くっくっくっ、そこが腕の見せどころでっせーっつうわけですよ」

「そ、そうですか。……センセー目が怖いですよ」

青色専従者給与というのは…
事務やってくれたから
はい給与
ん
これが経費にできる
身内に支払った給与を経費にできちゃう制度
事業主の所得を押し下げることで
税率10%
所得
税率5%
経費
専従者給与
所得
税率5%
税率を抑制する効果があり
給与所得控除を利用して
…
えへへ
専従者給与
嫁
税率5%
所得
給与所得控除
経費
経費をアップさせる効果もある…
おトク度が高いだけに…
え〜とあっちの給与が…
ん〜と収益をどう分けると最適か…
その用法には知恵を要する制度なのだ

Section 6

源泉徴収の義務には気をつけたい

「青色専従者給与のところでね、『**源泉徴収の義務が発生する**』って話したの覚えてます？」

「もちろんですよ、やだなあセンセー」

「でもまあ、おバカなアナタのことですから、その重要性には気づいてないんでしょうね」

「な、なんてことを……」

でも、源泉徴収の義務とかいっても、それを怠ったところで結局最後はその人自身が確定申告して納税するんだから、特に怖いことは何もないんじゃないですか？

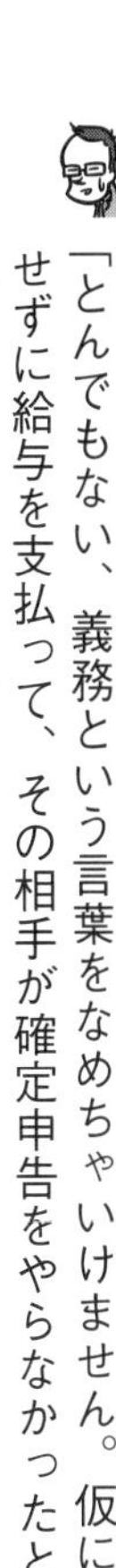
「とんでもない、義務という言葉をなめちゃいけません。仮にアナタが源泉徴収をせずに給与を支払って、その相手が確定申告をやらなかったとしますよね。当然納税もしてませんよと」

「ふむふむ」

「でも、税務署さんは税金を納めてもらわなきゃ困るわけです。じゃあ、その税金をどこから取り立てるのかというと……」

「ふむふむ」

「**アナタに払えとなるわけです**」

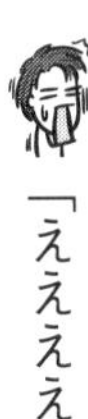
「えええええ!!　ちょ、ちょっと待ってくださいよ」

「しかも罰として不納付加算税や延滞税のおまけつき」

「いやいやいやいや!!　だからそんなのその人から取り立ててくれたらいいじゃないですか!!　なんでこっちに!?」

「そう思うなら、アナタが納税した後で、アナタが取り立てれば良いのです。それが税務署さんの理屈」

「そんなー……」

「ね、義務って言葉の意味は重いんですよ」

個人事業主が、人を雇って給与を支払う場合、**源泉徴収義務者**ということになります。※つまり青色専従者給与を払うとした時点から、アナタはめでたく源泉徴収義務者になりますよというわけですね。

さて、義務というからには、源泉徴収をしておく責任はアナタの両肩に乗っかってきます。青色専従者給与として渡すお金はもちろん、ちょっと絵の作業を手伝ってもらったお友だちに渡す報酬も、税理士さんに帳簿チェックしてもらったお礼に渡す報酬も、すべて源泉徴収税額を計算した上で天引きしておかなきゃいけません。

そして、前節でも述べたように、それを税務署へ納税しなきゃいかんとなるわけです。

「うう、なんだかめんどくさそうな話に。計算ってどうするんでしょ？」

「これはその支払いが給与か報酬かによって違うんですね。青色専従者給与のことがあるから、まずは給与から見ていきましょうか」

給与から源泉徴収を行なう場合、これは**原則として月次給与から差し引く**ことになりま

※常時2人以下の家事使用人（いわゆるお手伝いさんとかメイドさん）にのみ給与の支払いを行なう個人の場合は、源泉徴収義務の対象者にはなりません。また、源泉徴収義務者ではない個人が支払う弁護士や税理士への報酬は、源泉徴収の必要がありません。

す。国税庁のWebサイトに源泉徴収税額表が用意されているので、支給額に該当する行をその中から探し出し、扶養控除等申告書（控除を受ける扶養親族の明細を書いて出す書類）の提出を受けている場合は甲欄から、受けていない場合は乙欄の数字を税額として用います。詳しくは下の図を見てください。

「もうひとつの報酬については簡単ですよ。アナタが普段クライアントから天引きされてるのと同じことをするだけです」

「……どうやって計算してるか明細ももらわないといつもわからないあれですか……」

給与所得の源泉徴収税額表の見方

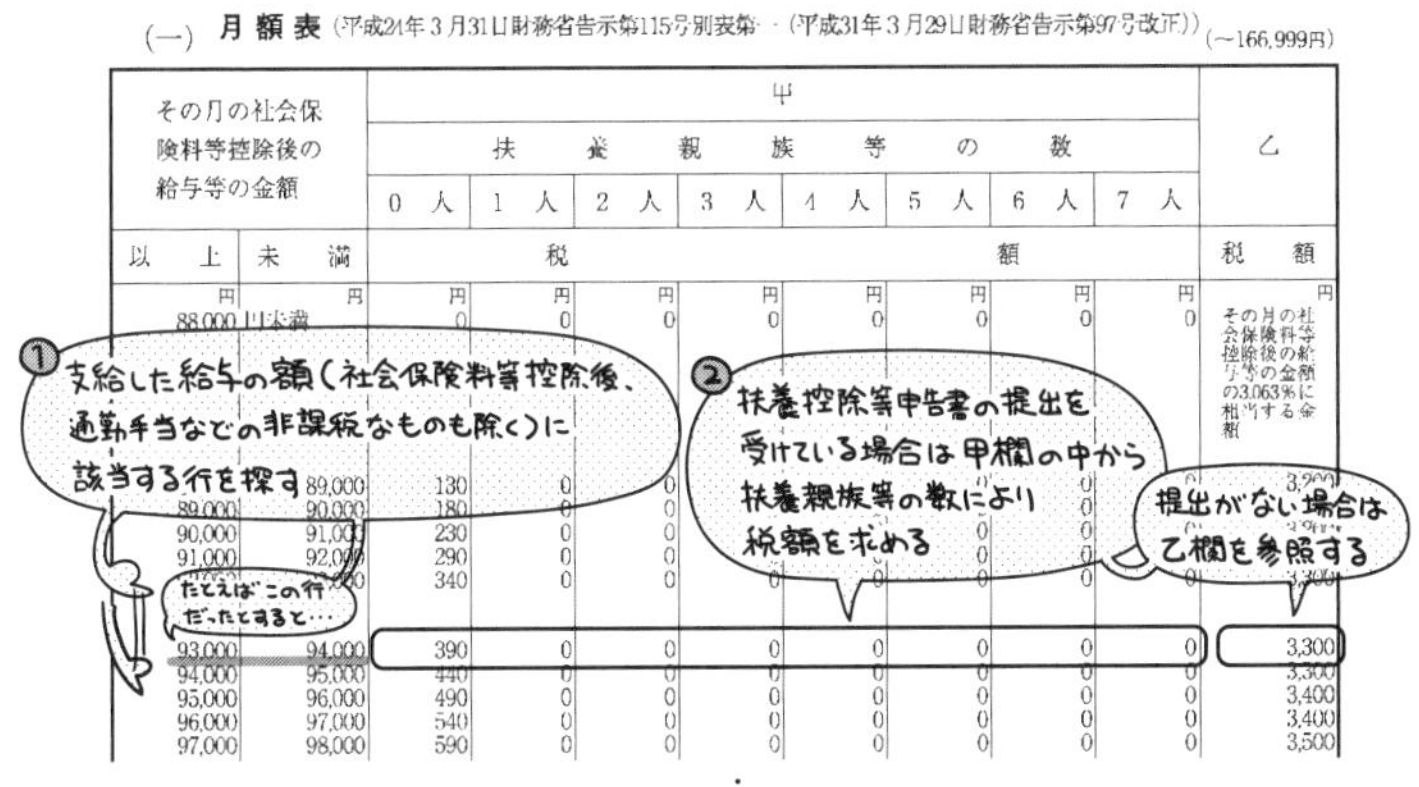

給与所得の源泉徴収税額表（令和３年分）

（一） **月 額 表**（平成24年３月31日財務省告示第115号別表第一（平成31年３月29日財務省告示第97号改正））（～166,999円）

その月の社会保険料等控除後の給与等の金額		甲								乙
		扶養親族等の数								
		0人	1人	2人	3人	4人	5人	6人	7人	
以上	未満	税額								税額
円	円	円	円	円	円	円	円	円	円	円
88,000円未満		0	0	0	0	0	0	0	0	その月の社会保険料等控除後の給与等の金額の3.063%に相当する金額
[illegible]	89,000	130	0	0	[illegible]	[illegible]	[illegible]	0	[illegible]	[illegible]
89,000	90,000	180	0	0	[illegible]	[illegible]	[illegible]	0	[illegible]	[illegible]
90,000	91,000	230	0	0	[illegible]	[illegible]	0	0	[illegible]	[illegible]
91,000	92,000	290	0	0	[illegible]	[illegible]	0	0	[illegible]	[illegible]
[illegible]	[illegible]	340	0	0	0	0	0	0	0	[illegible]
93,000	94,000	390	0	0	0	0	0	0	0	3,300
94,000	95,000	440	0	0	0	0	0	0	0	3,300
95,000	96,000	490	0	0	0	0	0	0	0	3,400
96,000	97,000	540	0	0	0	0	0	0	0	3,400
97,000	98,000	590	0	0	0	0	0	0	0	3,500

⋮

①支給した給与の額（社会保険料等控除後、通勤手当などの非課税なものも除く）に該当する行を探す
たとえばこの行だったとすると…
②扶養控除等申告書の提出を受けている場合は甲欄の中から扶養親族等の数により税額を求める
提出がない場合は乙欄を参照する

※「令和３年分 源泉徴収税額表」https://www.nta.go.jp/publication/pamph/gensen/zeigakuhyo2019/02.htm

※日払い給与の場合は、上記月額表ではなく日額表を用いて算出します。

「な、なんで把握してないのよもー」

報酬からの源泉徴収税額は、**支払額の10・21％が基本**です。もし1回の支払額が100万円を超える場合は、100万円までは10・21％、超えた部分については20・42％で計算して、その合計額が税額となります。

「はあ、そんな簡単な計算だったんですか」

「まあ会社さんによって消費税込みの支払額から税額を求めるところと、消費税抜きの支払額から求めるところがありますから、それでややこしく感じてたのかもしれないですね」

あ、そういうことか。なるほど。

「そうだセンセー」

報酬に対する源泉徴収税額の求め方

1回の支払額	源泉徴収税額
100万円以下	支払額の10.21％
100万円超	100万円までは税率 10.21％ で計算（＝102,100円） 100万円を超える部分は税率 20.42％ で計算して合算

「はいなんでしょう？」

「これ、青色専従者給与も払ってなくて、ボクが源泉徴収義務者じゃない場合なら、アシスタントさんに報酬を払う時、源泉徴収しない満額を渡して問題ないんですか？」

「その場合はそうですね、ただ、先方が源泉徴収済みの金額と勘違いしないように『源泉徴収してないから確定申告してね』など付け加えておいたほうが間違いないでしょう」

「わかりましたー」

源泉徴収義務者になったら
報酬を支払うときに
アシスタント
その一部を源泉徴収税として預かっておいて…
税務署に納税しないといけません
フム
税務署
…という手続きを行う必要が出てきます
でもめんどうだし…
やんなくていいんじゃね？
もしなめてかかって
べつに支払った先でみんな確定申告するだろうし
へらへら～
だったら天引きしとくとかお互いめんどーなだけだもーん満額わたしときゃいいや～
プルルルル
ん？税務署から電話？
これを怠ったりしていた場合
義務に伴う責任はいつ飛んでくるかわかんないので
アナタが義務を怠ったせいなので責任とってクダサ～イ
え？ボクが払った報酬で？納税されてないものがある？
え？
ブルブル
ボクが…
払う…の？
くれぐれも気をつけましょう…

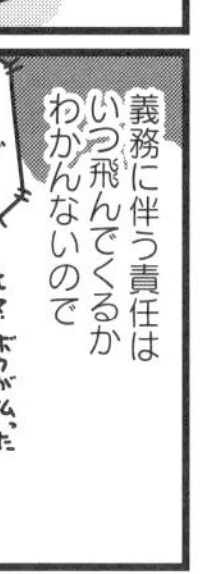

Section 7

減価償却の特例も見逃せない

「そうそう減価償却の特例措置、これが便利なんですよねー」

30万円未満の品なら、一括で償却することができますよというのが「少額減価償却資産（30万円未満）の一括償却」措置。一括で償却できるってことは、確かに高額なもんを買っても通常の経費扱いですませちゃうみたいなもんだから、便利だなってのはわかります。わかりますけど……、そんなに便利便利って言うほどのもんなんですかね、これ。

「便利ですよー。何がいいってね、**12月に調整できちゃう**のがいいんですよ」

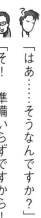

「はあ……そうなんですか？」

「そ！　準備いらずですから！」

通常だと節税のための取り組みというのは、年間を通じて「せっせか経費を積み増していく」とか、「青色専従者給与などを使って収支体系の見直しを図る」とかすることで、「売上－経費＝所得」の式における「経費」部分をふくらましていかなきゃいけません。そのためにはあらかじめ申請すべきものはすませておかなきゃいけないですし、常日頃の経費だってきっちり領収書をかき集めておくのは必須事項です。

それこそ年の瀬が押し迫った12月の半ばも過ぎて、「いかん、今年は利益が多すぎだよコレ。やっべぇ税金でうんと持ってかれちゃうぞ」なんて焦っても遅いわけですよ、ホントなら。

「ところがコイツなら、年末になって収支をチェックしてみて、ややややこれじゃあ税金が……ってことになってからでも対策がうてるわけです。ムダな税金を払うくらいなら、パソコンを新調するとかして、利益を圧縮しちゃえーとできちゃうわけ。それもウン十万単位でね」

「そっか、ある程度今年の利益が見えた段階でお金が余るようなら、じゃんじゃか設備投資にまわせばいいってことだ」

「そう、その通り。最後の最後で利益調整できるので、便利だなーってなるわけですよ」

「いやー、そっかそっか。今までほしいけど買う口実がなぁってのが見つかんなくて困りもんだったんですけども……」

「は？」

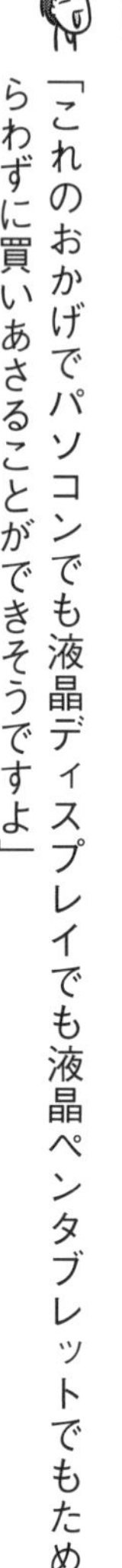
「これのおかげでパソコンでも液晶ディスプレイでも液晶ペンタブレットでもためらわずに買いあさることができそうですよ」

「え？」

「そうですよねー、税金払うのなんかバカらしいですもんねー。そっかそっか、使っちゃえばいいんだな、使っちゃえば……」

「いやまてまてまて。ムダ遣いはしちゃダメですよ。それはまったく別問題ですからね」

「え!?　うそ!?」

「ウソ……じゃないよウソじゃ。アホですかアンタはもう」

30万円未満の固定資産なら一括で償却できる
たとえばノートパソコンなんかを買っても
わーい
わーい
その年で一括償却できる
これが、「少額減価償却資産の一括償却」措置
なにが便利って12月に入ってからでも間に合うので
売上
経費
利益
12月
これじゃ税金が多くなるな…
年末に収支状況を見た上で…
利益の圧縮を図れるのが
売上
経費
利益
ぐぐぐ
よっしゃ
じゃんじゃかつかっちゃえ
とてもヨロシイ
ただし
しまったあ
浪費しすぎたあ
ご利用は計画的に

（注）本特例措置は「年間300万円まで」を上限として、2022年3月31日まで適用されます。

（注）年末までに「購入」するだけでなく「使用」する必要があります。

Section 8 平均課税制度は税率を押し下げてくれる強い味方

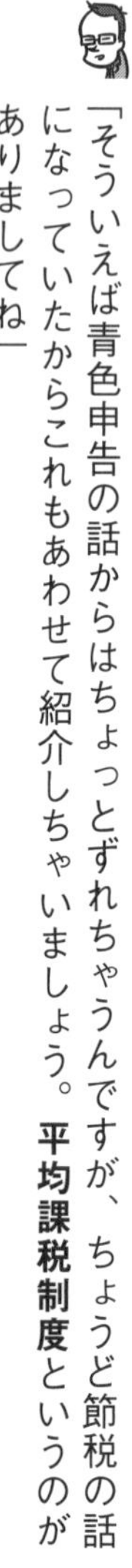

「そういえば青色申告の話からはちょっとずれちゃうんですが、ちょうど節税の話になっていたからこれもあわせて紹介しちゃいましょう。**平均課税制度**というのがありましてね」

「はあ、平均課税……ですか」

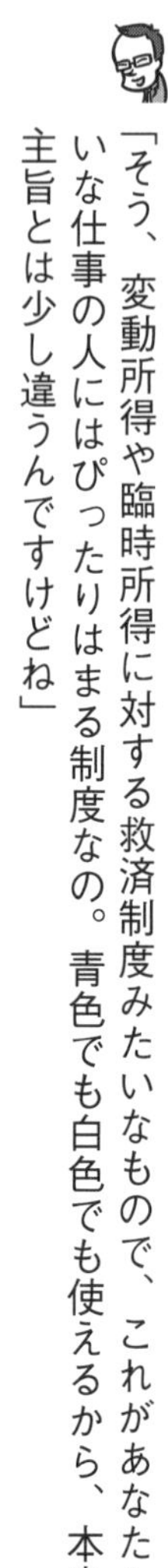

「そう、変動所得や臨時所得に対する救済制度みたいなもので、これがあなたみたいな仕事の人にはぴったりはまる制度なの。青色でも白色でも使えるから、本章の主旨とは少し違うんですけどね」

「ほうほう」

変動所得や臨時所得というのは、次の表にあるようなものを指します。端的にざっくり言えば、**印税収入のように年ごとの所得が大幅に変動しやすい性質のものが変動所得**で、プロ野球の契約金のように数年分の収入が一括して支払われるものが臨時所得です。

このうち、本書の読者さんにあてはまるのは、基本的に変動所得にある「③原稿、作曲の報酬による所得（原稿料、作曲料）」と「④著作権の使用料による所得（印税）」の2つ。なので以降は、それらに絞って話を続けることにします。

「この制度はですね、3年分の変動所得（と臨時所得）の税率を、平均化して求めるようにいたしましょうというものです」

✎変動所得と臨時所得に該当するもの

変動所得		
事業所得または雑所得のうち、自然現象やさまざまな事情により、年々の所得が大幅に変動する所得をいい、具体的には次のものが該当します。		
① 漁獲もしくはのりの採取による所得。	種目	漁獲、のり
② はまち、まだい、ひらめ、かき、うなぎ、ほたて貝、真珠の養殖から生ずる所得。	種目	はまち、まだい、ひらめ、かき、うなぎ、ほたて貝、真珠、真珠貝
③ 原稿、作曲の報酬による所得。	種目	原稿料、作曲料
④ 著作権の使用料による所得。	種目	印税
臨時所得		
事業所得、雑所得、不動産所得のうち、数年分の収入が一括して支払われる所得をいい、次のようなものが該当します。		
① プロ野球選手などの契約金で報酬の2年分以上であるもの。	種目	契約金
② 土地や建物を3年以上貸し付ける場合の対価。礼金、返還不要の敷金、権利金など。	種目	権利金、補償金

「ん？　それがどう救済になるんです？」

「たとえばえらい小説家の先生がいてね、執筆に2年かけたとしましょうか。当然その間収入はほぼありません。そして3年目に作品が世に出て大ヒット。大ヒットだからいっぱいお金が入ってくるんだけど、その分税率も跳ね上がっちゃって半分近く税金で持ってかれちゃった」

「血も涙もない」

「これだと毎年均等に稼ぐよりも、税金で持っていかれる額が極端に跳ね上がっちゃうんですよね。一番稼いだ年に、一番税率の高いところで払わなきゃいけなくなるから」

「実にまったくそうですよ。ボクだっていつかは本で一発当てて大金持ちにって夢があるのに、これじゃあ夢も希望もないじゃないですか、フアッキン税金脱税まっしぐらしかないですよ」

「いやいやいや（そんな夢持ってたのかこの人……）、だからそれを救済してくれるのがこの制度

✎平均課税というのは税率を低いところで抑制してくれる緩和措置

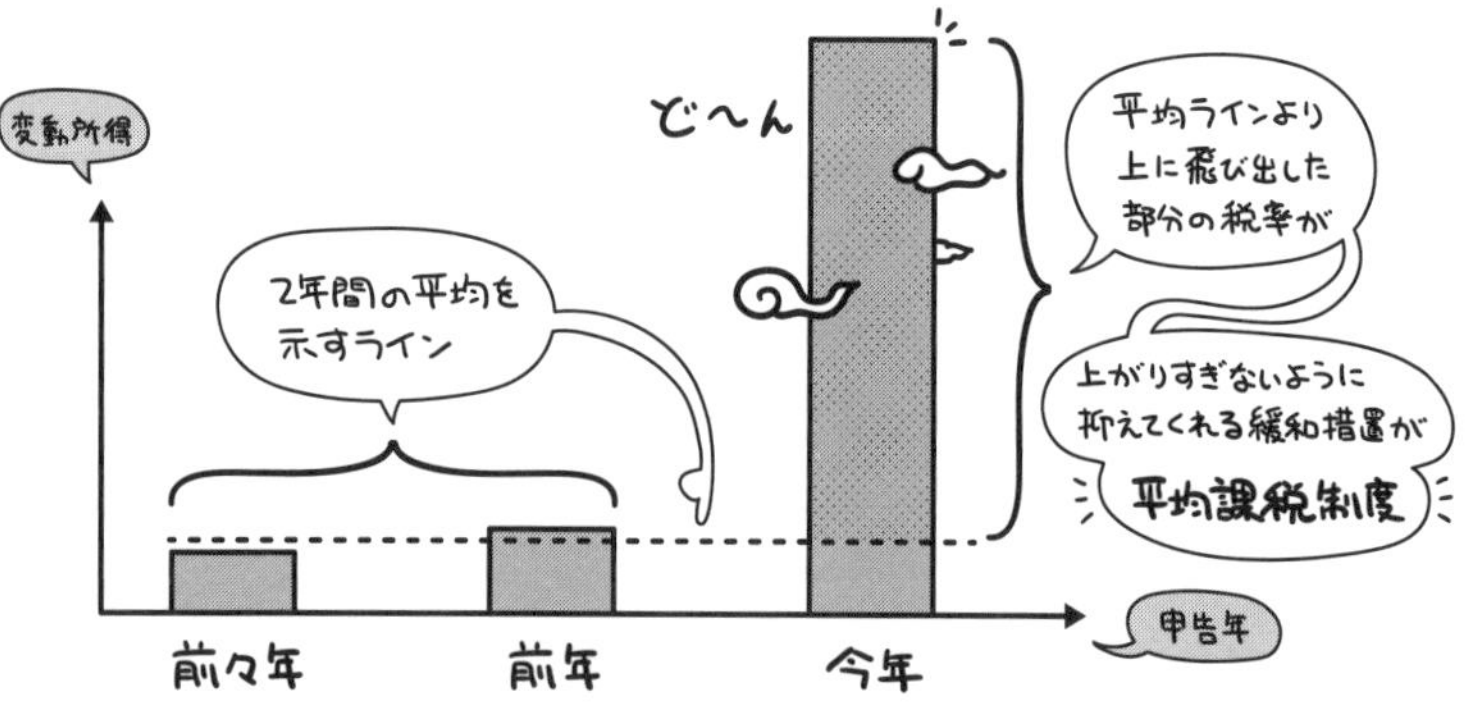

なの。ドンと稼いだ年に、**前年と前々年の変動所得の平均を参照して、そこから飛び出た分の所得にかける税率を通常より低めにしてくれる緩和措置**なの」

平均課税を適用するにあたっては、特に事前に何か申請が必要とか、そういったややこしいことはありません。確定申告の時に、「変動所得・臨時所得の平均課税の計算書」という紙っぺらを一枚付け足すだけ。流れとしては、「確定申告書 第一表」を埋めていって課税される所得金額がはじき出せたら、この平均課税の計算書を記入していって、平均課税適用後の税額を求めて、それを「確定申告書 第一表」に書き戻して計算書とあわせて提出する……という感じです。

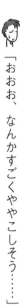

「ただ、計算がけっこうややこしいんでね、平均課税で得するかどうかの判断を自分でやるなら、この計算書を実際の数字で埋めてみて確認するのがなんだかんだと一番てっとり早いでしょうね」

「おおお、なんかすごくややこしそう……」

「いっけんまだるっこしいですけど、計算書を埋めるの自体は、指示通りに転記したり計算したりするだけなので簡単ですよ。無理に理解しようとせず、ひとつずつ空欄を埋めていけばいいのです」

✎変動所得・臨時所得の平均課税を計算する手順

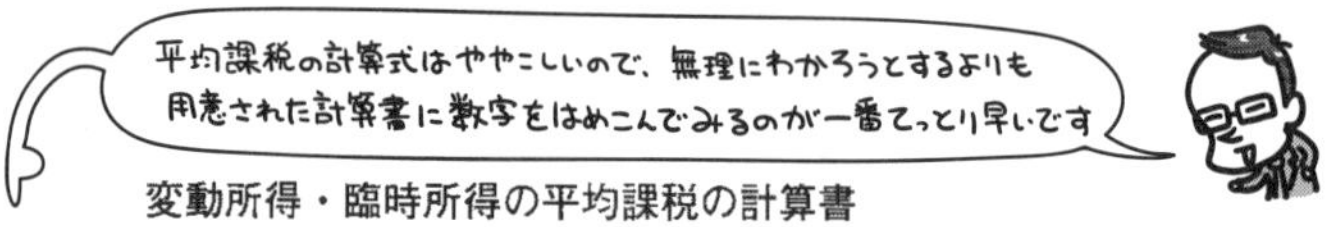

平均課税の計算式はややこしいので、無理にわかろうとするよりも用意された計算書に数字をはめこんでみるのが一番てっとり早いです

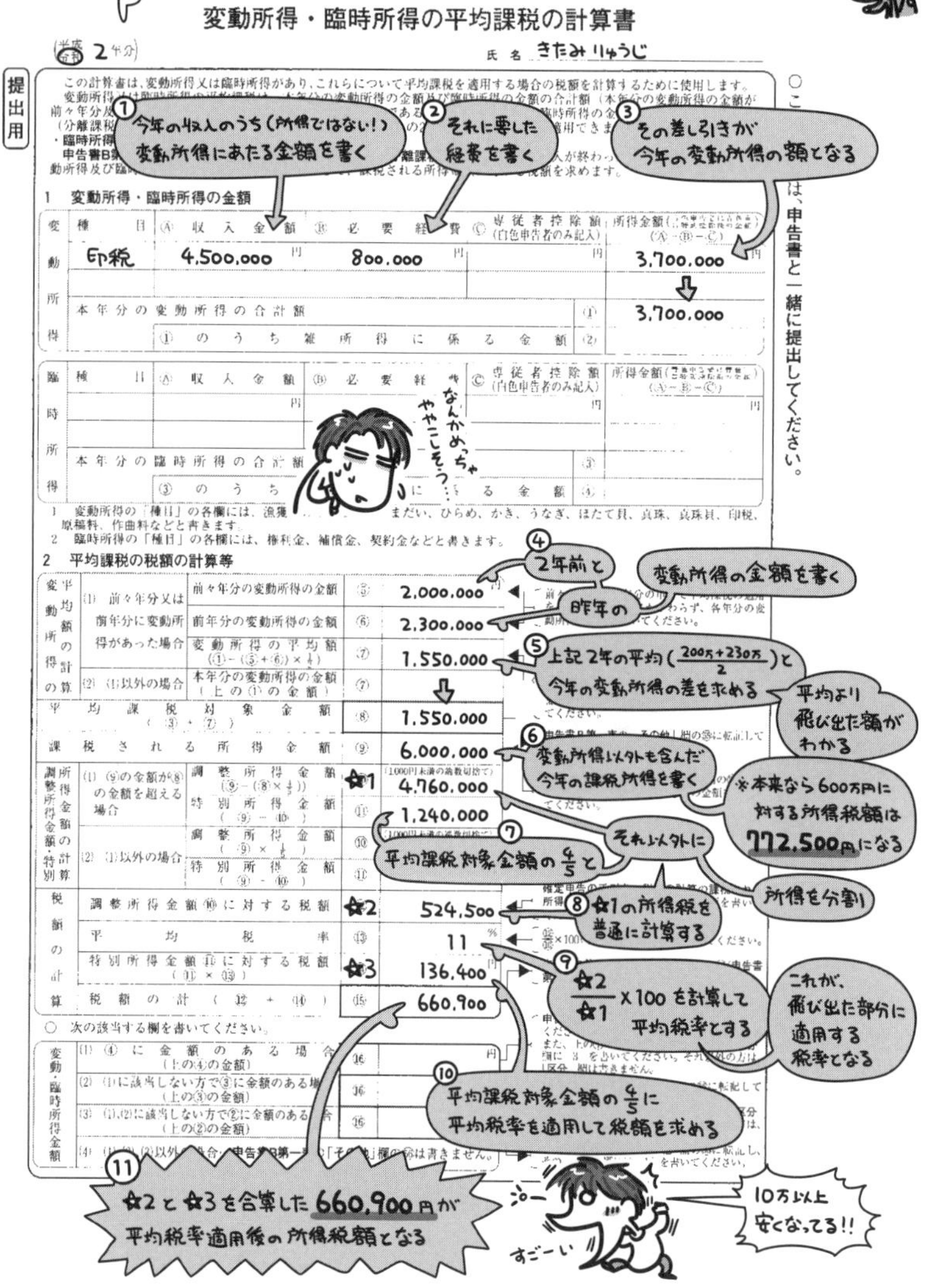

変動所得・臨時所得の平均課税の計算書

（平成・令和）2年分　　氏名　きたみりゅうじ

提出用

この計算書は、変動所得又は臨時所得があり、これらについて平均課税を適用する場合の税額を計算するために使用します。
変動所得 …… 変動所得の金額及び臨時所得の金額の合計額（本年分の変動所得の金額が前々年分及 …… ある …… 臨時所得の金 ……（分離課税 …… の …… 適用できま ……
・臨時所得 ……
申告書B ……離課 ……入が終わっ ……動所得及び臨 …… 課税される所得 …… 税額を求めます。

○この計算書は、申告書と一緒に提出してください。

① 今年の収入のうち（所得ではない！）変動所得にあたる金額を書く

② それに要した経費を書く

③ その差し引きが今年の変動所得の額となる

1　変動所得・臨時所得の金額

	種目	Ⓐ 収入金額	Ⓑ 必要経費	Ⓒ 専従者控除額（白色申告者のみ記入）	所得金額（Ⓐ－Ⓑ－Ⓒ）
変動所得	印税	4,500,000 円	800,000 円	円	3,700,000 円
	本年分の変動所得の合計額			①	3,700,000
		①のうち雑所得に係る金額		②	
臨時所得	種目	Ⓐ 収入金額	Ⓑ 必要経費	Ⓒ 専従者控除額（白色申告者のみ記入）	所得金額（Ⓐ－Ⓑ－Ⓒ）
		円		円	円
	本年分の臨時所得の合計額			③	
		③のうち …… に係る金額		④	

なんかめっちゃややこしそう…

1　変動所得の「種目」の各欄には、漁獲 …… まだい、ひらめ、かき、うなぎ、ほたて貝、真珠、真珠貝、印税、原稿料、作曲料などと書きます。
2　臨時所得の「種目」の各欄には、権利金、補償金、契約金などと書きます。

2　平均課税の税額の計算等

				金額
変動所得の平均額の計算	(1) 前々年分又は前年分に変動所得があった場合	前々年分の変動所得の金額	⑤	2,000,000 円
		前年分の変動所得の金額	⑥	2,300,000
		変動所得の平均額（①－（⑤＋⑥）×½）	⑦	1,550,000
	(2) (1)以外の場合	本年分の変動所得の金額（上の①の金額）	⑦	
平均課税対象金額（③＋⑦）			⑧	1,550,000
課税される所得金額			⑨	6,000,000
調整所得金額・特別所得金額の計算	(1) ⑨の金額が⑧の金額を超える場合	調整所得金額（⑨－（⑧×⅘））（1000円未満の端数切捨て）	⑩ ☆1	4,760,000
		特別所得金額（⑨－⑩）	⑪	1,240,000
	(2) (1)以外の場合	調整所得金額（⑨×⅕）（1000円未満の端数切捨て）	⑩	
		特別所得金額（⑨－⑩）	⑪	
税額の計算	調整所得金額⑩に対する税額		⑫ ☆2	524,500
	平均税率		⑬	11 %
	特別所得金額⑪に対する税額（⑪×⑬）		⑭ ☆3	136,400 円
	税額の計（⑫＋⑭）		⑮	660,900

○　次の該当する欄を書いてください。

変動・臨時所得金額			
	(1) ④に金額のある場合（上の④の金額）	⑯	円
	(2) (1)に該当しない方で③に金額のある場合（上の③の金額）	⑯	
	(3) (1)、(2)に該当しない方で②に金額のある場合（上の②の金額）	⑯	
	(4) (1)〜(3)以外の場合、申告書B第一表の「その他」欄の⑯は書きません。		

④ 2年前と昨年の変動所得の金額を書く

⑤ 上記2年の平均（$\frac{200万+230万}{2}$）と今年の変動所得の差を求める

平均より飛び出た額がわかる

⑥ 変動所得以外も含んだ今年の課税所得を書く

※本来なら600万円に対する所得税額は772,500円になる

⑦ 平均課税対象金額の⅘とそれ以外に所得を分割

⑧ ☆1の所得税を普通に計算する

⑨ $\frac{☆2}{☆1}$ ×100を計算して平均税率とする

これが、飛び出た部分に適用する税率となる

⑩ 平均課税対象金額の⅘に平均税率を適用して税額を求める

⑪ ☆2と☆3を合算した660,900円が平均税率適用後の所得税額となる

ジーー　すごーい　10万以上安くなってる!!

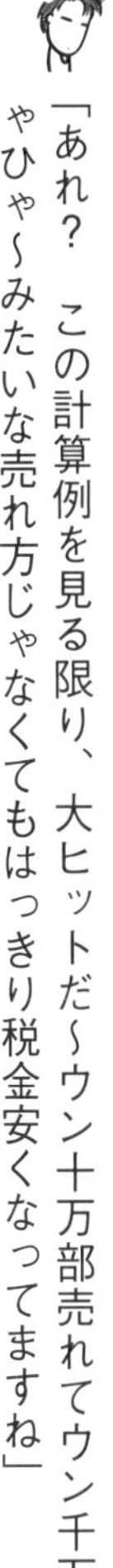

「あれ？　この計算例を見る限り、大ヒットだ～ウン十万部売れてウン千万～うひゃひゃ～みたいな売れ方じゃなくてもはっきり税金安くなってますね」

「そ、だから紹介したわけですよ。あなたのような職業の人は知っておいて損はありません。良い感じで稼げた年は、ひょっとしたら適用できるかもしれないと考えて、一応計算はしてみたほうがいいでしょうね」

「わかりました、これでいつヒット作を生み出しても大丈夫ですね」

「アナタの場合は、まず才能の心配をしたほうがいいと思いますけどね」

「……!!」

Section 9

損失は繰り越せるのだ

青色申告にすることで得ることのできる特典の中で、地味ながらもこりゃ心強いぜというのが、**赤字を持ち越すことができる**という「純損失の繰越控除」です。

「翌年に持ち越せるってことになるんですか？」

「翌年だけでなく、その次、さらにその次年度と、**計3年間持ち越すことができます。**
ただ、その間はちゃんと申告するようにしないと権利を失効しちゃいますけどね」

そう、この特典はあくまでも青色申告をしている人だけ……なので、たとえ翌年以降収入がなかったとしても、それはそれで申告だけはやっておかないと権利自体を喪失してしまうのです。そりゃさすがにもったいない。出ちゃった赤字はしょうがないとしても、できるかぎりモトは取っておきたいものであります。

「さすがに3年もあれば、赤字で得た控除分をきっちり消化することはできそうですね」

「まぁ、普通に収益があがっていれば大丈夫でしょ」

「でもこれって、普通に申告してれば自動的に権利が得られるものなんですか？」

「普通に……といっていいのかな。損失が出た年の申告は、『損失申告用』の付表もつけることになるんですよ。それによって権利が確定することになりますね」

「あ、じゃあ申告のときはちょっと気をつけなきゃいかんぞと」

「まぁ、そういうことになりますか」

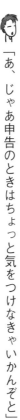

しかしこれって、特に収入が不安定になりがちなフリーランス稼業だと、やっぱりありがたい特典ですよねぇ。

「だからこそ、青色がお勧めなんですよ」

いやまったく。

「あとですね、それとは逆の『**繰戻還付**』ってのもあるんですよ」

「繰り戻し？」

「そう。前年も青色申告していて、そっちで黒字所得でしたーという場合なら、前年に今年の赤字分を持って行って、その差額となる税金を還付してもらうことができるんです」

「へぇ、さかのぼるのもアリってことですか」

「そういうこと。たとえばアナタなんかに最適なわけですよ」

「……といいますと？」

「アナタの本がまるで鳴かず飛ばすで、挙げ句にパタリと仕事も貰えなくなって、赤字決算に絶望してもうダメだ～廃業してサラリーマンに戻ろう……なんて思ったとき、この『繰戻還付』を使って前年の税金からせめてもの還付を受けるわけです。ほら、最適でしょ？」

「はい、ありがたく心の奥底に刻みこんでおきますです」

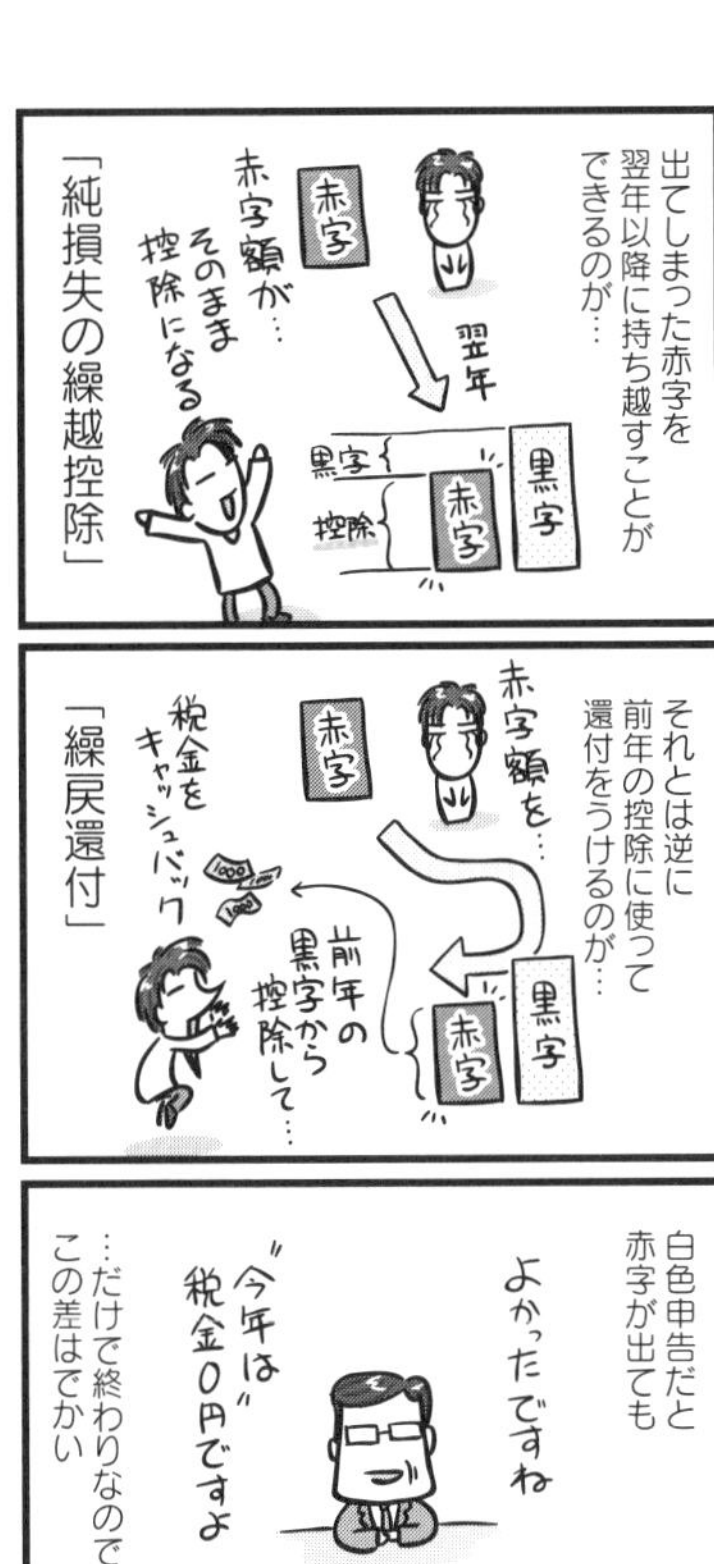

出てしまった赤字を
翌年以降に持ち越すことが
できるのが…
赤字
翌年
黒字
赤字
黒字
控除
赤字額が…
そのまま
控除になる
「純損失の繰越控除」
それとは逆に
前年の控除に使って
還付をうけるのが…
赤字額を…
赤字
黒字
赤字
前年の
黒字から
控除して…
税金を
キャッシュバック
「繰戻還付」
白色申告だと
赤字が出ても
よかったですね
"今年は
税金0円ですよ"
…だけで終わりなので
この差はでかい

ふけばとぶような
フリーランスだからこそ
どんぶらこっこ
どんぶらこっこ…
流れ流れて
どこへ行く〜
もしもの赤字には
備えておきたいのココロです

Section 10

青色申告会ってナニよ？

「そういえばセンセー」

「はい？」

「青色申告会ってなんなんですか？」

「あー、敵ですね」

「テ、テ、テ、敵ですか!?」

「そうですよー、なんせやつらは私らの商売敵さんですからねー」

とはいえじゃあ専門知識があるのかといえば、じつは青色申告会なる組織にいる相談員さんは、みんながみんな税の専門家さん……というわけではないらしいのです。それなのに「申告相談をしてもらえる団体」みたいな印象を持たれているので、じゃまくさくてしょうがない……というのがセンセー側の見解なんだとか。素人がウチらのテリトリーで徘徊してんじゃねぇぞまったくよ～ってなもんでしょうか。

「そういや、私の知り合いが青色申告しに行ったときに、青色申告会のおばちゃんたち相手に悲しい思いをしたと言ってました」

「ほお」

「なんか申告シーズンになると税務署でプレハブ小屋おったてて、そこで申告書の記入指導とかしてくれたりするじゃないですか。あれが、白色申告のとこは税理士さんがついて、青色申告のとこは青色申告会のおばちゃん達だったらしいんです」

てっきりそのおばちゃん達が教えてくれるもんだと書類を並べて質問しはじめた知人の方。ちなみにこの人も文筆業なんですが、その返事に思わず驚いたというのです。

「おばちゃんねぇ…、この文筆業用の申告書っていうのはよくわかんないわぁ……って。テキトーでいいんじゃないのぉってまるでお話にならなかったんですって」

結局その方は、後日税務署に電話をかけて、「これこれこういう指導を受けたんだけど、自分で調べたらこうだった。だからこの形で出そうと思うが本当にそれで大丈夫か?」と何度も念押ししてから申告書を出す羽目になったのだとか。

「あはははははは、あーっははははははは。それホントですか? いやー、いい話聞いたなぁ。あははははは」

ボランティアが寄り集まった、互助会みたいなもんなのですかねぇ。

「うーん、とはいえあれは公的団体なんですよ? だからボランティア……ってのとはちょっと違うと思うんだけど」

「そうですか。唯一はっきりしてるのは、基本的に税理士とは仲が悪い……と」

「そうですね。ただ、年会費もしれたもんですから、単純な記帳指導を頼るとかだといいんじゃないですかね。それで物足りなくなって、節税を含めた指導を受けたくなったら税理士を頼ればいいんじゃないかと……」

「なるほど。あ、でもあれですよ。前に青色申告会に入ったら、有利な退職金制度にも加入することができるって説明をそこのおばちゃんから受けましたよ？」

「あははは、すさまじいウソつきますねー。それって小規模企業共済のことでしょ？ そんなの青色申告会に入らなくたって加入することはできますよ」

「だぁ、なんじゃそらー」

とくに税の専門家
…ってわけでもないのに
青色申告会
みょうに存在感のあるのが
青色申告会って団体
年会費自体は
しれたもんなので
オバちゃんねぇ…
よくわかんないけど
わかんないなりに
こうしてるわよ
記帳指導などを
頼る分には役立ちます
ただ、まぁ
節税を考えたいと
いうならば…
餅は餅屋
ほう
節税をねぇ…
ふっふっふ
素直に税理士さんを
頼りましょう

ん?

ちょこっと こぼれ話
突然ですが 帳簿チェック〜
あ〜アナタみごとに 悪い例ですね
あっさりしすぎ
ブッブーチ
青色申告に 耐える記帳という意味では
これぐらいの内容は 欲しいですね
んげ!!
×悪い例
○良い例

×悪い例

科目	摘要
消耗品費	お品代
接待交際費	飲食
旅費交通費	電車
車両関係費	（空欄）
⋮	⋮

○良い例

科目	摘要
消耗品費	○○印刷、名刺100枚
接待交際費	○○寿司、きたみ氏接待
旅費交通費	JR：新宿→神田
車両関係費	駐車料金：○○出版訪問
⋮	⋮

第5章

知らずにすまない消費税

Section 1

1千万円を境目に納税義務はやってくる

さて、消費税です。

日本国内で事業として行なう取引に課せられてくるのが消費税ってやつ。お店にいって「これ下さいな」と物を買えば、基本的には10％の消費税がのっけられています。

令和元年10月に行なわれた消費税の改正では、この**8％から10％への消費税率改正と同時に軽減税率制度の導入も行なわれました**。これは、対象品目となる一部の飲食料品や新聞などには軽減税率が適用されるというもので、それらについては10％ではなく8％の消費税がのっかります。買う側からすると、ちょっと安く済みますよということですね。

これによって同じ時期に複数の消費税率が混在することになって、自然といろいろまあややこしいことになってくれたわけですが、本書の読者さんの場合は軽減税率が適用される事業を行なっていることはまれだと思うので、どうしても必要なところ以外は、10％の税率を前提とした書き方で統一させていただきます。逐一どっちも書いてたらややこしさ増し増しですからね。

　で、この、買い物をするときに支払った消費税。はたして誰のふところにおさまるものなんでしょうか。

「当然それは国ですよね」

「その通り。まぁ厳密には消費税7・8％分が国で、地方消費税2・2％分が都道府県に落ちるわけですが、とにかくお上ですわな。お店の人は、これを単に代行して徴収してるに過ぎません。ちゃんとこれは後で納めなきゃいけないお金なのです」

　ところが**前々年の売上が1千万円以下**であれば原則として「免税事業者」ということになって、この納付を免除してもらえるんですね。当然代行して集めた消費税は全部その人のふところに入っていくわけで、こりゃおいしすぎるぜうっしっしっ……と。

「むぅ、それはけしからんですね」

「そうですね、そう思う人が多いもんだから、昔は『3千万円以下なら免税事業者』としていたハードルが、『1千万円以下なら免税事業者』というハードルへと下がってきたのです。でもね、それで得られる税収増なんかたかが知れたもんなんですよ。あくまでもパフォーマンス的な意味合いが強いですね」

「いやぁ、でも不公平感を是正するという取り組みは大事ですよ」

「……アナタ、なにか勘違いしてやいませんか？」

「ん？　何がですか？　だって私は別に『代行して徴収した消費税』なんてありゃしませんから、ぜんぜん関係ない話ですよね。それに売上だって1千万円にはまだまだほど遠いし」

課税事業者と免税事業者との判定図

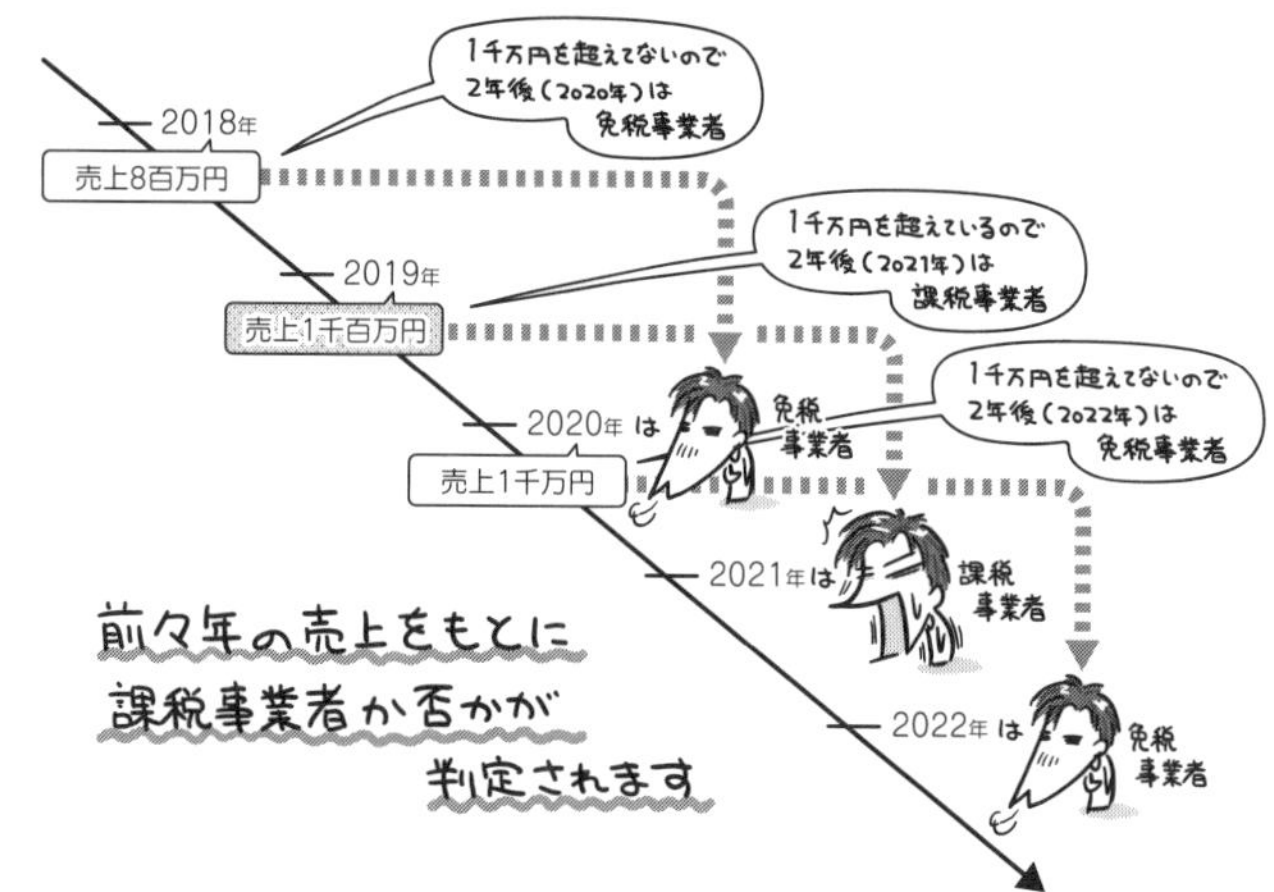

「はぁ……、相変わらずアホですねぇ。最初に話したこともすっかり忘れちゃって」

「な！　ななな！　なにがアホですか、ひどすぎ！　名誉毀損で訴えますよ！」

「訴えるなら訴えてみなさいや。アンタが今納めなくてすんでるのは『免税事業者』だからってだけの話で、がんばって働いて収入を上げた先には『課税事業者』になって納付しなきゃいけない未来が待っている……って話すらスポンと忘れちゃうおバカさんなんて、怖くもなんともないですよ」

「な！　ななな！　なにがおバカ……って、あれれ？　私も納めなきゃいけないの？　だって代行して徴収した消費税なんて……」

「それはアンタが勝手に『消費税額分はサービスねー』ってしてただけの話で、国からしたら関係ありません。事業として行なう取引には消費税が課税されるんだから、ちゃんと売上に応じた税額を払ってねってなるんです。売上が1千万円を超えたらね。ああ楽しみだ。くっくっくっ」

「な！　ななな！」

「それはもういいい！」

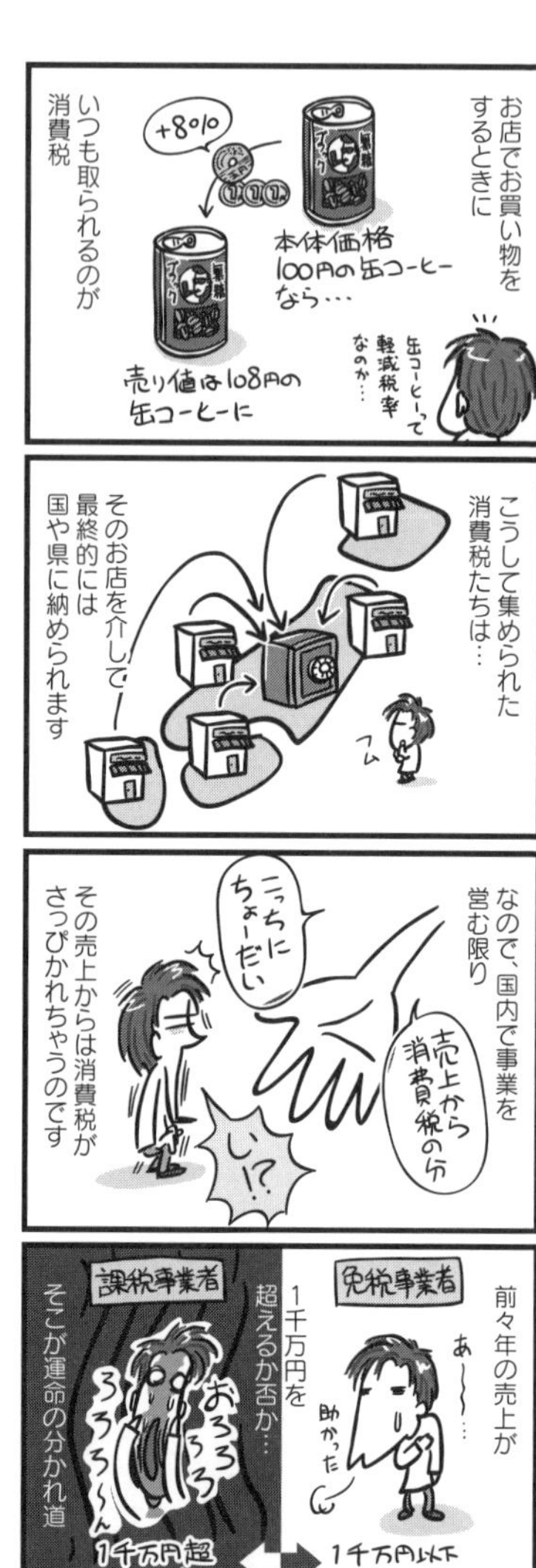
お店でお買い物をするときに
本体価格100円の缶コーヒーなら…
+8%
缶コーヒーって軽減税率なのか…
売り値は108円の缶コーヒーに
いつも取られるのが消費税
こうして集められた消費税たちは…
フム
そのお店を介して最終的には国や県に納められます
なので、国内で事業を営む限り
売上から消費税の分
こっちにちょーだい
い!?
その売上からは消費税がさっぴかれちゃうのです
前々年の売上が
免税事業者
あ〜〜…
助かった
1千万円以下
納めなくて良い
1千万円を超えるか否か…
課税事業者
おろろろろろ〜ん
1千万円超
納めなきゃダメ
そこが運命の分かれ道

Section 2 課税取引と非課税取引

「さてと、さっきも話したとおり、代行して徴収した消費税というのは、キチンと国に納めなくてはなりません」

「さっきも話したとおり、代行して徴収した消費税なんかありません。それなのに10%ピンハネなんかされたら痛くて痛くてたまんないです」

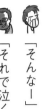

「うん、もらってないのはアナタの勝手。国は知ったこっちゃありません。でも取引には消費税がかかってるもんなので、払うもんは払ってくださいな……ですね」

「そんなー」

「それで泣くなら、きっちり言うこと言って、取引相手からもらっておきなさいってことですよ」

免税事業者であろうがなかろうが、取引に消費税が課されることは変わりありません。取引に消費税がかかるってことと、その先で納付義務を負っているか否かなんてのは別問題なのです。なので**売上が1千万円超えてようがなかろうが、「消費税もくれ」というのは言ってよい話**なんですね。

課税事業者になってから慌てるくらいなら、最初からこのあたりの話をキチンと通しておきなさいな……ということでしょうか。

さて、繰り返し述べているように、国内で事業として行なう取引には10％（軽減税率なら8％）の消費税というものがかかります。この取引というものには、資産の譲渡・貸付け……だけでなく、役務の提供なんてものも含みます。なので物品を売買して「はい○○円です」といったときに消費税10％なりが課税されるのはもちろん、弁護士や税理士、はたまたウチらのようなライター稼業などの「技能等に基づいて役務を提供する」お仕事にも、この消費税というのは課せられます。

「ホントふざけんなですね。私の仕事がなにを消費したっていうんですかねこれは」

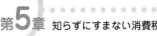

「ははは、ヘリクツこねたって現実は変わりませんよ。なんなら事業取引税という名前にでもなれば満足ですか?」

「ぐぅ……」

ただ、取引にはなんでもかんでも課税されるのかといえばそんなこともなく、「非課税取引」というのも存在します。

これは「消費税の性格上課税対象とならないもの」と「特別の政策的配慮によるもの」とがあって、たとえば土地の譲渡・貸付けや切手・印紙類の譲渡、登記・登録等の行政手数料なんかには、前者の理由から消費税は課せられません。後者の理由で課せられないものは、公的医療保障制度による医療や一定の社会福祉事業、学校の授業料や住居として利用する住宅の貸付けなどがあります。

「セ、センセー! なんか難しい言葉がずらずら出てきて、わけがわからんでございます!」

「まぁ早い話がですね、アンタのような人たちが稼ぐために行なう事業活動には税を課しますよ……と。ただ、公的な手続きや福祉的側面のある事業なんかでは、一

部非課税にしときましょうかねってとこですね」

「むぅ、確かに事業者としてではなくて、消費者の側として見たら非課税のやつってそんな感じですね。そこで取られたらイタいというか」

おもしろいのが雇用契約に基づく役務の提供……つまりは給与所得者であるサラリーマンさんとかなのですが、こっちは「課税対象外取引」になるんですね。非課税とかそんなの関係なしに、お給料はそもそも課税対象外ってことになっちゃうの。請負契約の人とまったく同じ仕事をやったとしても、あっちは消費税がかかってくるけど、こっちはなんにもかかってこない。

つまりサラリーマンさんなら消費税のことなんか全然知ったこっちゃねぇやで許されちゃう。

「ま、給与にいちいち消費税をのっけて支払われててもびっくりしますけどね」

「確かにそれはそうですけど……、言われてみればそうだよな……なんですけど、いちいち消費税くれとか交渉しなくていいんですよね。いいなぁ給与所得って」

ウチらのような
ライター稼業は…

課税取引

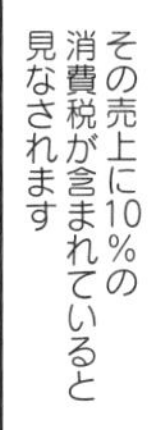

その売上に10%の
消費税が含まれていると
見なされます

では土地の譲渡や
切手の譲渡はというと…

非課税取引

そもそも非課税なので
取引に消費税は
課せられません

じゃあサラリーマンの
お給料は

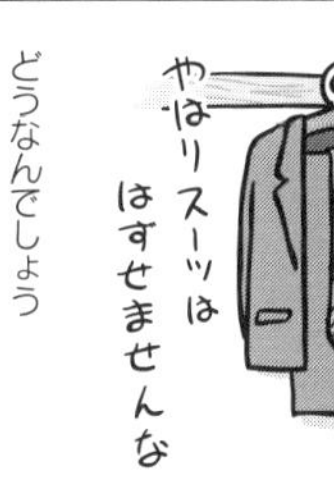

サラリーマンと
いえば…
やはりスーツは
はずせませんな

どうなんでしょう

雇用契約に基づく
役務の提供は…

課税対象外取引

会社が支払う
お給料に対しては
これも消費税は
課せられません

Section 3

消費税額の計算方法

それじゃあ実際に消費税を納めにゃいかんとなったとき、どんな計算をして税額を求めることになるのでしょうか。

「わかりますか？」

「単純に収入……というか、売上の10％ってなるんじゃないのですか？」

「あはははは、ハズレ～」

じつはこの消費税というやつは、**自分がすでに支払った分の消費税があるなら、それを**

差し引いてよいことになっているのです。

たとえば1万円で商品を仕入れるぞという場合、実際の支払い額は消費税がのっかった1万1千円ということになります。これを店頭にて1万6千円で売ることにしましょうか。消費税が1600円のることになるので、店頭価格は1万7千600円です。この例だと、最終的には消費者さんから1600円の消費税を預かることになるわけですが、自分はその前に1千円を支払ってますよね。そう、仕入段階で消費税として。だから、実際に自分が納付する段になると、この「すでに支払った消費税額」の1千円を差し引いた、残り600円を消費税としてお上に差し出すことになるのです。

図にしてみると、下のような感じ。

消費税の仕入れと売上の関係図

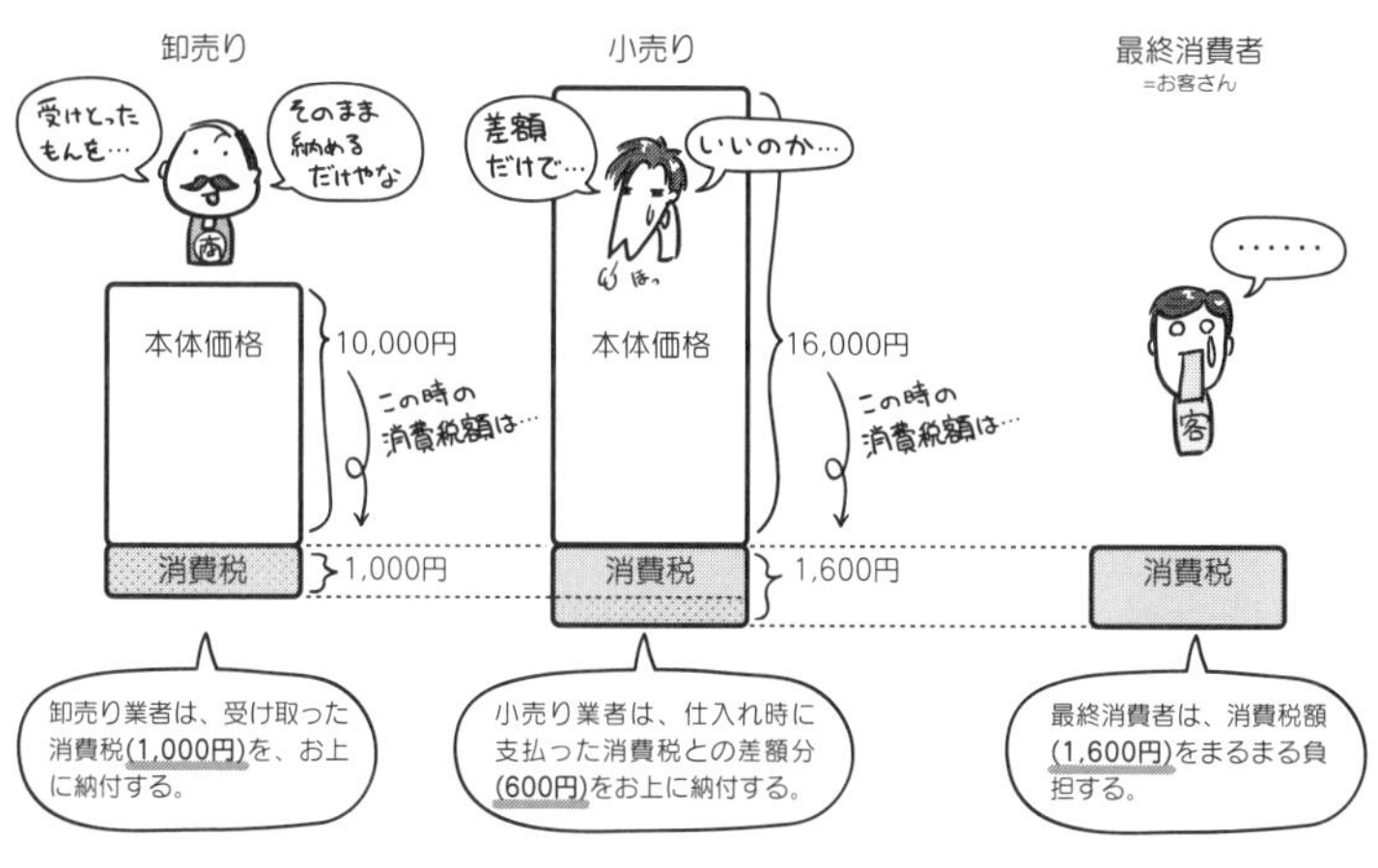
卸売り
受けとったもんを…
そのまま納めるだけやな
本体価格
10,000円
この時の消費税額は…
消費税
1,000円
卸売り業者は、受け取った消費税(1,000円)を、お上に納付する。
小売り
差額だけで…
いいのか…
ほっ
本体価格
16,000円
この時の消費税額は…
消費税
1,600円
小売り業者は、仕入れ時に支払った消費税との差額分(600円)をお上に納付する。
最終消費者
=お客さん
……
客
消費税
最終消費者は、消費税額(1,600円)をまるまる負担する。

こうした「差し引くことのできる、すでに支払った消費税額」の合計を「**仕入税額控除**」と呼びます。仕入……という言葉はついていますが、何も仕入れした商品に限るなんてことはなく、これには経費全般が含まれます。したがって、経費として支払いずみの消費税は、すべて「仕入税額控除」に算入できるというわけです。

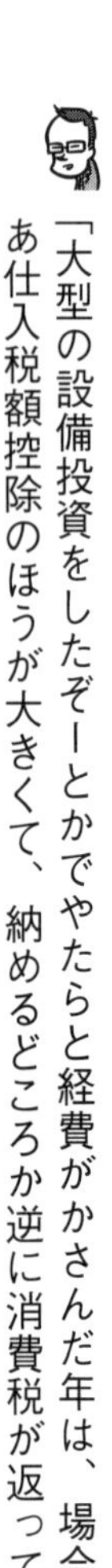

「大型の設備投資をしたぞーとかでやたらと経費がかさんだ年は、場合によっちゃあ仕入税額控除のほうが大きくて、納めるどころか逆に消費税が返ってくる……なんてこともありますね」

「うわ！　そりゃすごい！」

売上の中には、ひょっとすると土地の売却や住宅の貸付けといった「非課税取引」のものが含まれているかもしれません。当然非課税なわけですから、消費税額を計算する際には、こいつも売上から取り除く必要が出てきます。

「などなどを考え合わせますと、まぁ式にすりゃ次のような形になりますかね」

①　売上－非課税（取引の）売上＝課税（取引の）売上

②　課税売上×110分の10＝課税売上にかかる消費税額（課税売上の10％）※

③　課税売上にかかる消費税額－仕入税額控除（経費として支払いずみの消費税）＝納付すべき消費税額

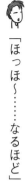

※ここでは軽減税率を考慮していません。

「ほっほ～……なるほど」

「簡単でしょ？　ちなみに課税売上割合が95％未満だったり課税売上高が5億を超えてたりすると、また違う数式が絡んできたりもするんですが、とりあえずそれはややこしいだけなんで無視してますけどね」

「確かに式だけ見ると……まぁわかるかなぁくらいにも思えますけど。笑ってるってことは、そんなことないぞってことですよね？」

「よく見抜きましたね」

これらの式を満たすように処理しようと思えば、当然のことながら帳簿をつける段階で、

「消費税を払った項目」と「消費税がかからなかった項目」が分別されてなきゃいけません。税込みで処理するか、税別で処理するかは置いといて、とにかくわかるように記述されてなきゃいけないのです。当然支払った消費税は、軽減税率の8％なのか、標準税率の10％なのかもわかる必要がある。これは売上だって必然的にそうなります。

「……というわけでね、記帳に求められるレベルが、これまた格段にややこしくなってくるわけですよ」

すべての経費支払いと、すべての入金とにかかる消費税を管理して、なおかつ非課税取引がどれだけあったかも把握できなきゃ困ります。ようするに、数字さえ出りゃ計算は簡単なんですが、その数字を求めるために日頃やんなきゃいけない処理が細々あってしんどいですよ……と。

「ど、ど、ど、どうしましょコレ」

「まぁ、ここまできたら税理士に依頼するのを検討したほうがいいかもしんないですね」

「で、で、でもそれだって金がかかるじゃないですか」

「そうですよ～、だから私はもうかってバンバンザイ」

「オニだ！」

「ウソですよウ・ソ。まぁ経費の割合が低いお仕事であれば、簡易課税という逃れ方がありますね。これなら個人の方でもなんとかできるでしょう」

Section 4

フリーランスは簡易課税でじゅうぶんだ

「まぁまずは次ページの表を見てください」

「なんですかこれ？」

「これは事業区分ごとの『**みなし仕入率**』をまとめた表です」

さて、納付すべき消費税額を求めるためには、仕入れなんかですでに支払いずみの消費税を「仕入税額控除」という形で合算して、それを課税売上の110分の10から差し引くという計算式になりました。この「仕入税額控除」の額を、「まぁアンタの事業だったら、だいたいこんくらいの割合が仕入税額控除に該当すんじゃないのぉ？」って一定割合として定めたのが「みなし仕入率」というものです。

簡易課税制度の事業区分の表

事業区分	みなし仕入率	該当する事業
第一種事業	90%	卸売業（他の者から購入した商品をその性質、形状を変更しないで他の事業者に対して販売する事業)をいいます。
第二種事業	80%	小売業（他の者から購入した商品をその性質、形状を変更しないで販売する事業で第一種事業以外のもの）をいいます。ネットオークションの転売益なども含みます。
第三種事業	70%	農業、林業、漁業、鉱業、建設業、製造業(製造小売業を含みます)、電気業、ガス業、熱供給業及び水道業をいい、第一種事業、第二種事業に該当するものおよび加工賃その他これに類する料金を対価とする役務の提供を除きます。
第四種事業	60%	第一種事業、第二種事業、第三種事業、第五種事業および第六種事業以外の事業をいい、具体的には、飲食店業などです。車を下取りに出した場合の査定額なども含まれます。 なお、第三種事業から除かれる加工賃その他これに類する料金を対価とする役務の提供を行なう事業も第四種事業となります。
第五種事業	50%	運輸通信業、金融業・保険業、サービス業（飲食店業に該当する事業を除きます）をいい、第一種事業から第三種事業までの事業に該当する事業を除きます。
第六種事業	40%	不動産業(第一種事業、第二種事業、第三種事業および第五種事業に該当するものを除きます)をいいます。

フリーランスに
多い職種は、
ライター
イラストレーター
デザイナー
カメラマン
だいたいココ!

「つまり実際の課税仕入れがどーだーとかを個別にこまごま計算しなくとも、課税売上にこの『みなし仕入率』を適用するだけで計算がすむようになっちゃうの」

「はあ」

「たとえばライター稼業だと第五種事業に当てはまるので、『みなし仕入率』は50％ってことになりますね。課税売上が仮に110万円だったとすると、その110分の10は10万円で、これが消費税額。でも『みなし仕入率』でみれば、この50％を仕入れで支払ってるでしょうって判断がなされるので、10万円の50％が納付すべき消費税額ってことになる。つまりは5万円かな。式であらわすと次のようになります」

課税売上（税込み）×110分の10×50％＝納付すべき消費税額

「ひょっとしてこれって、記帳が簡単になります？」

「そう、簡単になる。消費税といっても、経費の側を意識しなくてすむようになりますからね」

「やっぱり！　確かにこれだったら、私でもなんとかできそうな気がします！」

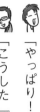

「こうした『みなし仕入率』で納付税額を求める制度を**簡易課税制度**と呼びます。

課税売上が1千万円を超えた人に残された、ある種の逃げ場みたいなもんですね」

この簡易課税制度を利用するには、二つの要件を満たす必要があります。一つは、前々年の課税売上高が**5千万円以下**であること。そしてもう一つは、前年までに簡易課税制度の適用お願いねーってな**届出書を出してること**……です。ちなみに一度選んだら2年は継続することってなってますので、「今年だけ簡易でお願い」なんてことはできません。

「ただ、一つだけ要注意事項があります。フリーランスの人でも、カメラマンみたいに経費率のやたらと高い業種になると、みなし仕入率を適用しちゃったら損になるって場合があるんですね。その場合は簡易課税制度をとらずに、普通の……そっちは**原則課税**っていうんですけど、それをとるようにしたほうがいいでしょうね」

「了解です！」

「まぁアナタのようなライター稼業の場合だと、みなし仕入率を適用したほうがお得なのは間違いないですわ」

ところで、ライター一本で生きて行きますよ～ならいいんですけど、複数の事業を兼業状態でかけもちしてたらどうなるんでしょうか？　主たる事業のみなし仕入率を全部に適用……みたいな扱いでいいの？

「ダメ」

「うがぁ」

「はっはっは、いやできないこともないんですけどね。その場合は全体を不利になる仕入率で統一するとかで、説明がめんどくさいわりにいいことないんですよ」

だから忘れておきなさいと、いやいやなるほどごもっとも。

「じゃあどう処理するかというとですね。たとえば最近流行(はや)りのネットオークションなんかで転売益だうっしゃっしゃっ……だと第二種事業にあたり、車を買いかえようとして下取りに出した場合は第四種事業の売上ってことになります。こいつらは、**それぞれ該当するみなし仕入率で計算する**ようにしてやんないとダメ」

「そーですかー了解です……ってあれ？　なんですか、下取りに出した車の査定額も売上に見なされちゃうの!?」

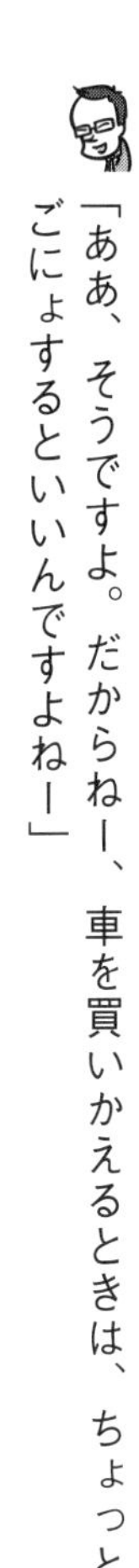

「ああ、そうですよ。だからねー、車を買いかえるときは、ちょっと数字をごにょごにょするといいんですよねー」

「なになになぁに？ 教えてセンセー」

「なに、下取り額が大きくなると売上がかさまして消費税額も上がるわけだから、これを低くしてもらえばいい……ってだけの話ですよ。たとえば下取りの査定額を、そっちじゃなくて本体価格の値引き額に充当してもらうとかね」

「うお！ さすがセンセー、腹黒さじゃ天下一品ですね！」

「……それ、ほめてるつもりなんですよね？」

アンタの業種だったら
だいたい売上のうち
こんくらいの割合が
仕入れなんじゃないの？
たとえばライターだと
売上110万円
50%が仕入れと見なされる
経費55万円
そんなふうに決めてしまうのが「みなし仕入率」

これだったら細々（こまごま）とした経費の支払いまで管理しなくても計算できるので…
売上に見る消費税額は「10万円」うち50%が仕入税額控除になるので納付税額は「5万円」
納付する消費税額
5万円
10万円
50%
5万円
仕入税額控除
とっても楽チン♡

こうしたやり方が「簡易課税」
これなら記帳もカンタンだし
自分の力でなんとかなるぞ〜
課税売上が1千万円を超えた時に残されたある種の逃げ場と言えるのです

でも、実際の経費率がみなし仕入率より高くなっちゃうような人は
たとえばカメラマンなんかは
ヤバいらしい…
これ使うと逆に損となっちゃうので気をつけましょう

Section 5 インボイスってなに？

「それでは最後に、インボイス制度についてふれておきましょうか」

「なんか話題になってますよね、ものすごく影響出るんでしょ？　食えなくなるとか騒いでいるのをよく見ますけど」

「うーん、そんな大げさな話でもないんですけどね、まあまずは概要をさらっとなめてみましょう」

この章の冒頭で述べた通り、令和元年10月に行なわれた改正によって、**消費税には標準税率の10%と、軽減税率の8%という、2つの税率が混在することになりました**。消費税というのは、原則として「仕入れ（経費）で支払った分の消費税を、売上として受け取った分の消費税から差し引いて納める（もしくは還付してもらう）もの」ですから、支払った消費税がいくらあったかを管理するためには、何を消費税率何%で支払ったかが証明できないといけません。

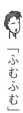

「ふむふむ」

「ちなみにこの、『仕入れで支払った分の消費税を差し引ける』ことを何と言うかって覚えてます？」

「え!?　えっと、あの……仕入税額控除……でしたっけ？」

「おおー、その通り！　珍しい！　よく覚えてましたね！」

さて、令和元年10月の改正では、この仕入税額控除について「令和5年10月1日から、複数税率に対応した消費税の仕入税額控除の方式として、**適格請求書等保存方式**が導入される」となりました。仕入税額控除を認めるための要件として、令和5年10月1日からは適格請求書の保存が必須になりますからねーとなったわけです。この、適格請求書をかっこよく横文字で言うと「インボイス」。だからインボイス制度と呼称されているんですね。

「うむ、まったくもってわかったようでわかりません」

「はっはっはっ、あわてないあわてない」

経費を認めてもらうためには領収書を保存しておく必要があるように、消費税の世界でも仕入税額控除を認めてもらうためにはそれに適した書類の保存が必要になります。

改正前の従来の消費税法では、取引相手が発行した請求書などの客観的な証拠書類があれば良し（税率とか書いてなくてもＯＫ）となっていました。しかし改正により複数税率が混在するようになったことで、この証拠書類をもうちょっと厳密にしないと仕入税額の正しい計算ができなくなってしまいました。

そこではじまったのが、区分記載請求書等保存方式です。この方式では、品目ごとに軽減税率の対象であるかを明記し、税率ごとに合計した税込み額を記載した請求書等の発行が求められます。現在はこの方式なわけですね。

そして、令和5年10月1日になると、これがさらに適格請求書等保存方式に移ります。**適格請求書発行事業者の登録番号が記載されたインボイスじゃないと、仕入税額控除は認めませんからね**となるわけです。

それぞれの請求書方式の記載例

請求書等保存方式（～令和元年 9 月 30 日）

○○御中　　請求書

令和2年10月分　87,200円（税込）

10/1　牛肉　5,400円
10/3　小麦粉　2,160円
⋮　⋮　⋮
10/27　しょうゆ　3,240円
10/30　ビール　6,600円

合計　87,200円

△△（株）

求められる記載内容

- 発行者の氏名または名称
- 取引年月日
- 取引の内容
- 受領者の氏名または名称

区分記載請求書等保存方式（令和元年 10 月 1 日～令和 5 年 9 月 30 日）

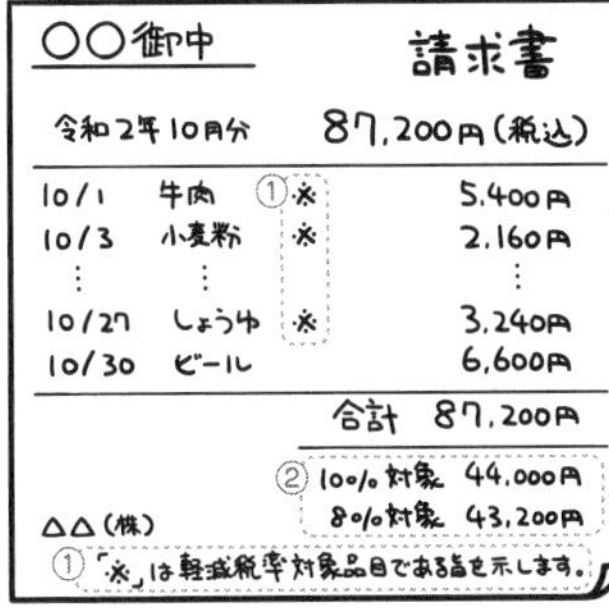

○○御中　　請求書

令和2年10月分　87,200円（税込）

10/1　牛肉　①※　5,400円
10/3　小麦粉　※　2,160円
⋮　⋮　⋮
10/27　しょうゆ　※　3,240円
10/30　ビール　6,600円

合計　87,200円

②10％対象　44,000円
8％対象　43,200円

△△（株）

①「※」は軽減税率対象品目である旨を示します。

求められる記載内容

請求書等保存方式の内容に、下記の 2 点が追加される

① 軽減税率の対象品目である旨の記載（たとえば※等の印と凡例を明記するなど）
② 税率ごとに合計した対価の額（税込み）

適格請求書等保存方式（令和 5 年 10 月 1 日～）

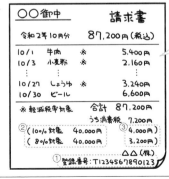

○○御中　　請求書

令和2年10月分　87,200円（税込）

10/1　牛肉　※　5,400円
10/3　小麦粉　※　2,160円
⋮　⋮　⋮
10/27　しょうゆ　※　3,240円
10/30　ビール　6,600円

※軽減税率対象　合計　87,200円
うち消費税　7,200円

②（10％対象　40,000円　③4,000円）
（8％対象　40,000円　3,200円）

△△（株）

①登録番号：T1234567890123

求められる記載内容

区分記載請求書等保存方式の内容に、下記の 3 点が変更・追加される

① 適格請求書発行事業者の登録番号
② 税率ごとに区分して合計した対価の額（税抜きまたは税込み）と適用税率
③ 消費税額等

「ここでインボイス制度がなぜ問題視されるのかというと、**インボイスを発行できるのは、税務署長に申請して登録を受けた消費税課税事業者に限られる**というルールがあるからです」

「ん？」

「つまりね、発注元が免税事業者だったり、課税事業者であっても簡易課税で済ませてる業者さんならいいんですけど、原則課税できっちり計算してるところだと、免税事業者との取引って、その発注元からしたら仕入税額控除が使えない割高な取引になっちゃうんですよ」

「ん？　ん？　つまりどういうこと？」

「要するに、同じ1万1千円で発注したとすると、普通ならそのうち1千円が消費税。課税事業者相手ならインボイスをもらって、自分があとで納める消費税を1千円安くすることができるけど、免税事業者相手だとそれができない。実質割高になっちゃうってこと」

「あ!!」

「だからまあ、理屈で言えばその分を安くするとか、そもそも免税事業者だから消費税分は値引きにしてましたとかなら影響がない……はず」

「はず？」

影響の出る取引と、影響の出ない取引

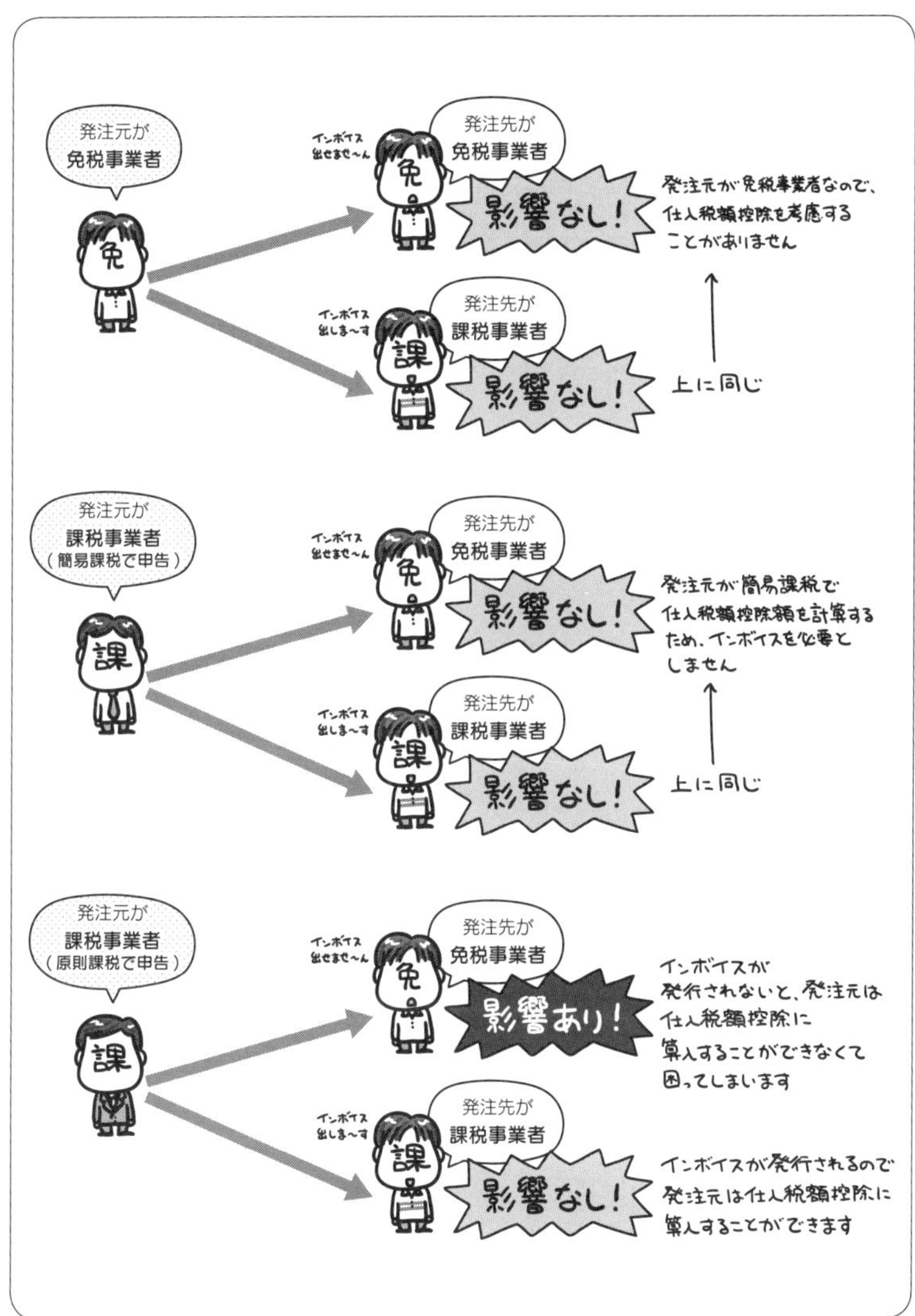

「ところがここにですね、事務作業が煩雑になるのを嫌ってね、うちはこういう様式の請求書を出してもらわないと困るとか言って、お客さんが発注先ごとにやり方を変えることを拒むというのは十分にある話なわけですよ」

そうするとどうなるか。

「仮にアナタの売上が1千万を超えてなくとも、**税務署に申請して課税事業者にならなければ取引させてくれないお客さんが多数出てくる**……かもしれない」

「ぎゃふん」

「そうすると、今まで免れていた消費税の納付義務が出てくるし、何よりその分の事務作業コストがのっかってきちゃう。本章の内容が、『私にはまだ関係のない先々の話〜』では済まなくなるわけ」

「ぎゃふん」

「というあたりが、昨今少々騒ぎになってる大まかなところになりますかね」

突き詰めてみれば、結局はお客さんとの力関係に行き着く話なのです。

実際、制度上は経過措置として、インボイスのない取引であっても、令和5年10月1日から令和8年9月30日までは**仕入税額相当額の80%**、令和8年10月1日から令和11年9月30日までは**仕入税額相当額の50%は控除しても良いですよとなっています**。なのでその差分（たとえば令和8年までなら消費税額の20%）をこちらが値引きさえすれば、相手は何の損もしないはず。でもじゃあそれを取引相手が必ず認めるのかというと、それは理屈ではそうだけど実際はどうだろうね……と。そこはわからないんですよね。そのへんをいいよいいよーで付き合ってくれるお客さんばかりであれば、何も影響がないままで過ごせるわけですが……。

「なんなんですかもー、そもそもですよ？　軽減税率が始まった今でも、別にインボイスとかやらなくても特に混乱してないわけですから、じゃあそのままえっと区分記載請求書等保存方式でしたっけ？　それを継続してくれたらいいじゃないですか。なんでコロコロ手続きを変えて無用な混乱を生み出すんですかー」

「うん、それもひとつの考え方。現状で特に問題なく複数税率を扱えてるから、じゃあこのままインボイスへの移行は延期しちゃってもいいんじゃないのーという流れも、じゅうぶんあると思ってましたが、令和3年10月からインボイス登録がはじまっちゃいましたね。もう延期はないかな」

え？　そうなの？　いっそ立ち消えて欲しかったのにインボイス〜!!

「まあ、客との関係で、あなたが強ければ問題ないんですよ。それなら相手があなたに不都合がないようあわせてくれます」

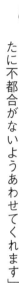

「そこが一番難しいんですがー」

第6章

いずれは見すえる法人化

Section 1

なんで法人化するの？

法人化というのは、わかりやすく言えば「会社を作っちゃえ」ということです。今まで個人事業主という形をとって、個人として仕事を受け、個人として仕事をこなし、個人として報酬を得てきたわけですが、これが会社に成りかわる……と。

「個人じゃなくて、会社として活動するわけですね」

消費税の納付義務が発生しはじめて、さらに超過累進課税のおかげで所得税率もなかなか高いところまで来てしまったぞとなったとき、いよいよ意識しはじめるのがこの「法人化」

というやつなのです。

「よく聞く言葉ですよね、法人化（または法人成り）。でも、なんで法人化するぞってことになるわけですか？」

「ん？」

「いや、法人化っていっても会社組織にするわけでもなく、相変わらず個人のまんまで働いてたりする人がいるわけじゃないですか。なんでかなぁって……」

「そりゃまぁ、そっちのほうが『税金を安くすることができるぞ』……と思うから必要に迫られてそうするわけでね」

「えええ!? なんで!? 法人のほうが税率って高いじゃないですか!?」

「おやおや、なんか勘違いしてますね？」

法人になると、法人さん用の税体系が用意されています。微妙に個人のときと似通った名前が並ぶんですが、個人の場合と違って超過累進課税制度をとらないなど、その仕組みたるや「似て非なるもの」というにふさわしい別物さんが待ち受けているのです。

さて、資本金1億円以下の会社さんは、法人税法では「中小法人」というものになります。まさかこの本を読んでる人が、いきなり1億円を超える資本金をポーンと用意して大会社を作ったりはしないでしょうから、たぶん皆さん「法人化する」となったら、できあがるのはこの「中小法人」さんでしょう。いや、中小法人だとちょこっと税率が下がるんでね。この区分けしとかないと困るんですよ。

「いいですか? 中小法人の場合はもろもろの税金を考え合わせると、ざっくり言って、本当の本当にざっくり言って、利益800万円までなら約2割。それを超えると約3割が税金で持ってかれることになります」

法人にかかる税金の内訳（資本金1億円以下の中小法人のみ）

	年間所得		
	800万円以下		800万円超
法人税	15%		23.2%
法人住民税（地方法人税含む）	法人税額の17.3% ※所得に対しての率でいうと、2.6%～4.0%程度		
法人事業税（特別法人事業税含む）	～400万	400万超～800万	800万超
	4.795%	7.261%	9.59%

※令和元年10月1日以後開始事業年度から、地方法人特別税が廃止され、特別法人事業税が新設されました。

「ほらやっぱり税率高いじゃないですか！」

「まぁまぁ、慌てちゃいけません。アナタを基準に考えたらそりゃ高くなるかもしれませんけど、みんながそうとは限らないのです。忘れちゃいましたか？　個人だと超過累進課税になるので、所得税と住民税とをあわせると、最大で55％まで税率が上がってっちゃうってことを……」

「あ」

「そう、つまりは個人だと超過累進課税が待ち受けているだけに、利益を順調に伸ばしていったら、やがて法人税の税率よりも高いトコまで突き抜けちゃうんです。だから、あるタイミングになると法人化しようって話が出てくると」

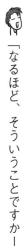

「なるほど、そういうことですかー」

法人税率と個人の税率との比較グラフ

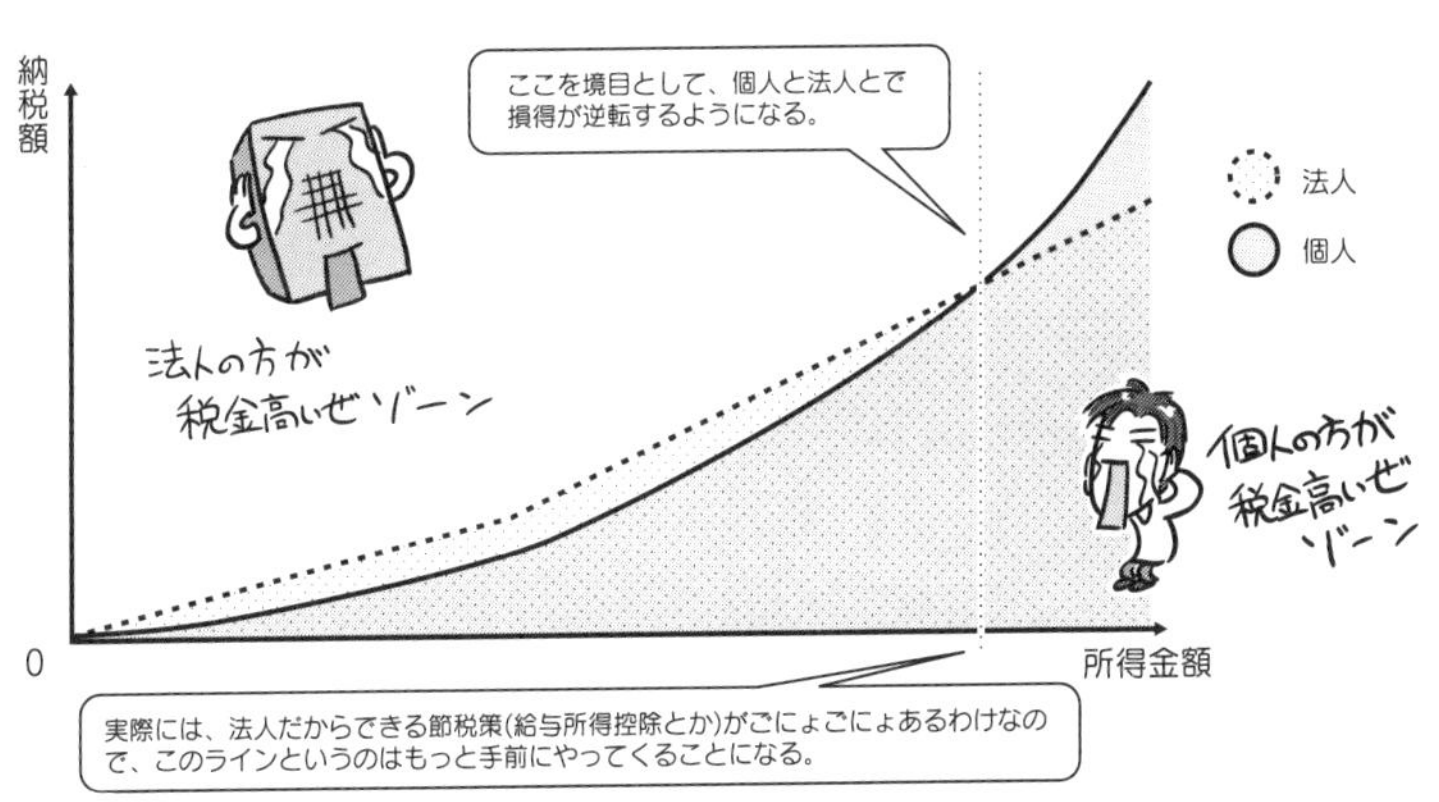
納税額
ここを境目として、個人と法人とで損得が逆転するようになる。
法人
個人
法人の方が税金高いぜゾーン
個人の方が税金高いぜゾーン
0
所得金額
実際には、法人だからできる節税策(給与所得控除とか)がごにょごにょあるわけなので、このラインというのはもっと手前にやってくることになる。

「まぁもちろんね。工夫の余地がアリアリだからこっちを選択するんだぜい……なんて考え方も含むわけですがね。ヒッヒッヒッ」

「……（相変わらずだなぁ）……」

右肩上がり

法人と個人とでは

税体系が異なるので

収入が上がってくるにしたがって…
ありゃ!?
やぁ
大変な税率ですな
法人の税率
個人の税率
どっかのタイミングで個人の税率が法人のそれを追い越してしまいます

さらには法人にしてそこから給与をもらうカタチにすることで
ハイ、どーぞ
給与所得控除
給与所得控除だって得られたり…と

工夫の余地アリアリ
まさに腕の見せどころ
…な、わけですね
さ、さいですか

Section 2 会社のカタチも様々だ

さて、法人化とひとくちにいってみても、会社の形態というのは様々です。有名なところでは株式会社なんてのがありますし、マイナーどころまでみると合資会社や合名会社なんてのも出てきます。あと、最近とみに注目度が上がっているのが合同会社。まだ一般に対する認知度は低いながらも、外資系の有名ＩＴ企業がそろってこの形態を取ることが多いため、今一番アツいといって良い存在になっています。

「なにが違うんですか？」

「色々違いますけど、まず有限責任か無限責任かってとこははずせませんね」

有限責任というのは、「会社の持つ債務は、その財産の範囲までしか責任を負わない」といったものです。出資者は、その出資したお金の範囲で責任を取ればよく……ってつまりは出資したお金をあきらめちゃえば、それ以上は責任を追及されません。

転じて無限責任とは、「会社の持つ債務は、会社の財産で足りなければ自己の財産まで使ってその弁済に充てることを迫られる」といったもの。会社潰れたー、借金いっぱい抱えたー、家屋敷までうっぱらって返済にかけずり回んなきゃー……というのは、一応カタチのうえでは無限責任の範囲ということになります。

「まぁ、実際のところ中小の社長さんだと、会社が融資を受けるときに、個人名義でも連帯保証をつけさせられたりしますので、結局は有限責任の会社にしていても、無限責任といっしょのことになるケースが普通なんですけどね」

「……怖い話ですね」

「で、この有限責任を認めてもらえるのが株式会社と合同会社であり、合名や合資といった会社組織は無限責任を負うことになります。まぁ合資の場合は、有限責任社員とかいうのもありますけど」

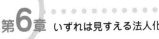

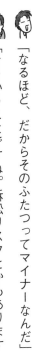

「なるほど、だからそのふたつってマイナーなんだ」

「そういうことですね。訴訟リスクとかもありますし、有限責任の会社にしておいたほうが無難でしょう」

昔はそれでも資本金が少なくてすむといった理由から、とりあえず法人格をと合資会社を選択するケースがありました。でも平成17年に成立した新会社法で、「最低資本金制度の撤廃」なんてものが盛り込まれ、今は株式会社でも資本金1円から設立できるようになっちゃったのです。

そんなわけで、ますます無限責任となる、合資や合名を選ぶ意味はなくなってしまったぞ……と。

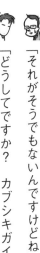

「なるほど。でも、そのおかげでみんな、響きの立派な株式会社になれるんだから、こりゃいいことづくめですよね」

「それがそうでもないんですけどね」

「どうしてですか？　カブシキガイシャのシャチョーさま。かっちょいいじゃないですか」

「いや、株式会社って、ちょっとだけめんどっちいんですよ」

そう、たとえ実質は「たった1人の会社だい、オレ社長オレ従業員オレ庶務オレ営業マ〜ン」という世界であったとしても、株式会社であるからには取締役というものが必要になってきます。そしてこれには任期がある。たとえ取締役が替わらないとしても、任期満了の度に登記のやり直しが必要になってくる。

そしてそして、登記のやり直しには、当然登記費用がかかってくる。

「んげげ!? なんか聞いてるだけで気分が悪くなってきちゃいました」

「……ほらやっぱり。一方、合同会社にはこの役員任期というものがありません。なのでその分コストもかからないし面倒もないわけですね」

「あ! じゃあ合同会社いいですね! 手間もないし有限責任だし!」

「ただ、さっきアナタが言ってた『シャチョーさま、かっちょいい』って見栄は張れませんよ。合同会社には代表取締役社長という肩書きはないので、代表社員とい

う肩書きを名乗ることになります」

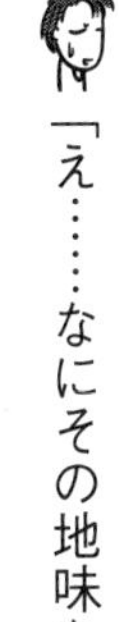

「え……なにその地味なひびき……」

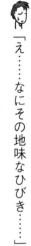

ところで先ほどから作る作ると申してますが、法人化……つまりは会社を作るのに必要なお金って、どれくらいかかるもんなんでしょうか。

「うん、会社定款とかも自分でこさえてコスト削減に努めたとして……そうですね、株式会社の場合、諸々含めて25万円ってとこでしょうか。合同会社だと定款認証費が不要になったり設立登記の際の登録免許税も安くすむので10万円ちょっとくらいですみます。あとは他に資本金という名の見せ金が必要になるくらいですね」

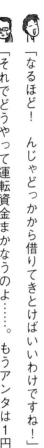

「見せ金？」

「会社が出来た後は運転資金として使えるお金ですからね。だからそれまでの間だけ『ちゃんと持ってるよ』って見せられる用の……って意味で見せ金」

「なるほど！　んじゃどっかから借りてきとけばいいわけですね！」

「それでどうやって運転資金まかなうのよ……。もうアンタは1円にしときなさい1円に」

「イエッサー……」

最低資本金制度もなくなって
ボクもアナタも株式会社
資本金1円から
誰もが簡単に作れるようになった株式会社
んっふっふっ
余はカブシキガイシャのシャチョーさまであるぞ?
ひざまずきたまえよ
世の愚民どもよ
ただ、株式会社には取締役が必要で
づぇ!?
なにそれ!?
任期満了のたびに登記のやり直しが必要と、ちょっとだけめんどっちい
そして登記のやり直しには登記費用が必要で…
んぎがぎでごー!!
うるさいなアイツ…
なにそれ!!
そんなところがちょっとだけ腹立たしい

Section 3

法人ってナニがいいのよ？

「ところでセンセー、法人化のメリットって、税率が安くすむ場合もあるんですよー……ってだけじゃあないんですよね？」

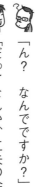

「ん？　なんでですか？」

「だってなんか、工夫の余地がアリアリだ……とか言ってたじゃないですか」

「ああ、それですか。んじゃメリットとデメリットを一通りふれていきますか」

まずは工夫の余地がアリアリだ……という点。

個人でやっていた場合、ごにょごにょと工夫する余地が大きかった技として、青色専従者給与というものがありました。奥さんをこれにして給与を払えば、給与所得控除が認められる。当然その分「売上－経費＝所得」でいうところの、経費部分をかさましできる。

「これ、覚えてますか？」

「はい、もちろん」

「今度はこれが法人になると、アナタ自身も給与所得を受ける形になるのです」

そう、法人化した段階で、**事業主であった私自身も、社長として会社から給与を受け取るという立場に変わってくる**ことになるのです。つまりここでも給与所得控除が認められることになる。つまり経費が増えてくる。

「これを駆使して、所得をそれぞれ会社とアナタと奥さんとに振り分けていくことでですね、給与所得控除の恩恵を最大限に受け、それぞれの税率が平均すると一番低くなる点を探ることができるようになる……と。法人の税率が高いっつーんだったら、そもそも給料でもらって所得税を払っときゃいいわけですからね」

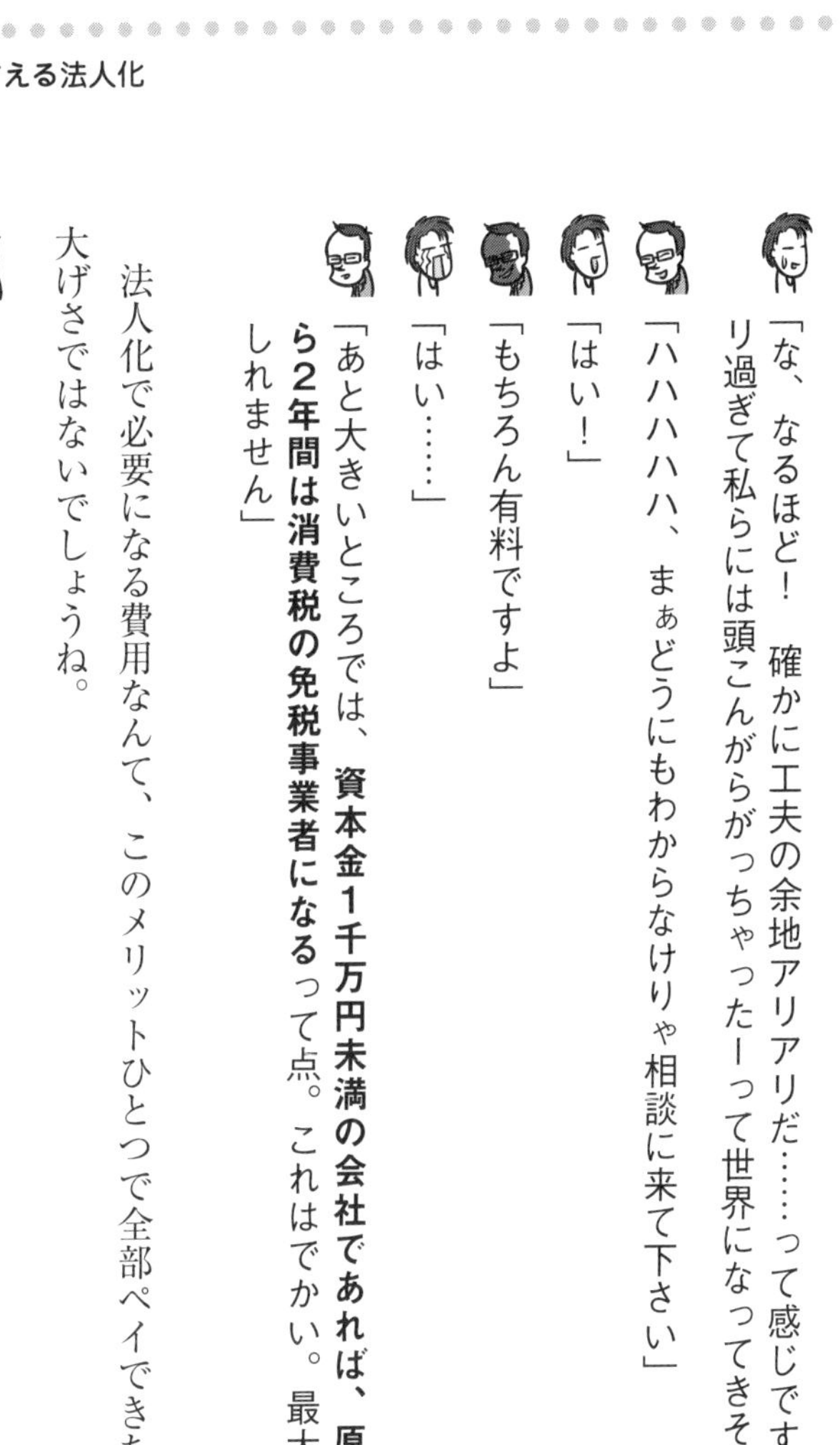

「な、なるほど！　確かに工夫の余地アリアリだ……って感じですね。逆にアリアリ過ぎて私らには頭こんがらがっちゃったーって世界になってきそうですけど」

「ハハハハハ、まぁどうにもわからなけりゃ相談に来て下さい」

「はい！」

「もちろん有料ですよ」

「はい……」

「あと大きいところでは、**資本金1千万円未満の会社であれば、原則として設立から2年間は消費税の免税事業者になる**って点。これはでかい。最大のメリットかもしれません」

法人化で必要になる費用なんて、このメリットひとつで全部ペイできちゃうといっても大げさではないでしょうね。

「ただ、インボイスが導入されてくると、免税事業者のメリットを受けるのも今後は難しくなってくるかもしれません」

あ、そっか！　こんなところにも影響が……しくしく。

「他に様々特徴をあげていきますと……」

社会的信用という意味では、個人よりも会社のほうが高くなります。個人相手じゃ取引せんよーという会社さんも多いですからね。経費も会社名義で払うようにしたほうが、個人名義で払っていた頃よりも認められやすくなるでしょう。

しかし一方で、記帳関係に関しては「しっかり書けよー」とやや厳密さを求められるようになり、しかも税務調査が個人よりも入りやすくなるというオマケつき。あ、そうそう、法人の場合は法人住民税の均等割分に関しては「赤字でも納めろ」となっちゃうんで、利益がなくても最低7万円はしっかり取られてしまいます。これもデメリットですね。

「う、う〜ん……けっこうツラいですね」

「まぁ信用も高くなりますし、工夫の余地も増えますからね。その分、若干監視の目もキツくなるって感じですかね」

そりゃ確かにごもっとも。

社会的信用でいえば
えへん
大←信用→小
間違いなく法人の勝ち

給与所得控除による
節税効果や
経費だって
フム
いいでしょう
認められやすかったり
資本金1千万円未満なら
設立から2年間は消費税が免除されたり
消費税
…などなど

そんなところも
えっへん
おー
法人の側に軍配

ただ、ちょっとだけ監視の目がキビシクなる…
う…
う～む
そんなところがデメリット

Section 4

んで、結局どうなったら法人化するの？

いろいろと小難しい話もはさんできたわけですが、けっきょくのとこ一番知りたい話といえば、「じゃあどれが一番お得な形なの？」ってことに尽きます。もし売上を順調に伸ばしていけたとしたら、いずれ法人化がお得になるケースが出てきますよ～というのはわかりました。でも、じゃあそれってどのタイミングで考えりゃいいものなんでしょうか。

「うーん、その人の収入モデルによって様々に違ってきちゃいますからねぇ」

「ズバッとコレだ！　じゃなくていいですから、このあたりの収入になってきたら考えてみたほうがいいよー的な目安を示してもらえないですかね？」

「ふむ。それじゃあざっくばらんにアバウトに、目安ってものを示してみましょうか」

たとえば30代前後のフリーランスな方。奥さんがいて、子供もいる。子供はまだ小さいでしょうから扶養控除には含まれないとして、基礎控除と配偶者控除をあわせてだいたい90万円くらいが所得控除額だとする。この場合、いずれが得になってくるんでしょうかと。

「ふむふむ」

個人は個人で青色専従者給与などを使って節税を試みる技はあるわけです。だいたい利益が350万円程度だと、そうした青色専従者給与あたりを駆使してがんばったほうが安くなる率が高いかな……というのが実感です。これが700万円を超えてきたりすると、断然法人化したほうが安くなってくる。

「……ということは?」

「ずいぶん乱暴な定義になってしまいますが、利益が700万円～800万円をコンスタントにたたき出すようになったら、おそらく法人化したほうが税金は安くなるんじゃないですかね。もっともいちがいには当然言えません。できれば**利益が500万円を超えてきたあたりで、一度税理士なりに相談してみる**ことをお勧めします」

ちなみに税理士さんに相談するぞとなったとき、いくらくらいかかるもんなんでしょうか？

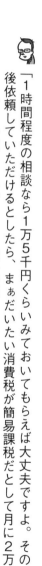

「1時間程度の相談なら1万5千円くらいみておいてもらえば大丈夫ですよ。その後依頼していただけるとしたら、まぁだいたい消費税が簡易課税だとして月に2万～2万5千円くらい。あとは決算時期に4か月から6か月分をいただきますねって感じです」

「節目節目で、最適な収入モデルだけ導き出してもらいに行くってのでもアリなわけですか？」

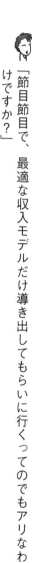

「ああ、当然それもアリですよ」

他にも似た業種のフリーランスな人同士で寄り集まって、複数人分を「まとめてお願い」ってぶん投げれば、それはそれで割引価格も検討してもらえるものらしいです。

「そーいえば、個人でやってたときの固定資産って、償却残があった場合どう処理すればいいんですかね？」

「法人の側に売り飛ばしちゃってくださいな」

「高く売り抜けてもいいんですか？」

「いや、それは売却益から税金持っていかれるだけで、誰も得しないと思いますよ」

利益が7百万から8百万になってくると
おトクでっせ
オクサン
法人化チャンス!!

でもいちがいには言えないらしいので
書類一式もって
ランラララン
利益が5百万を超えたあたりから…

一度、税理士のセンセーあたりに
フム…
相談料は1万5千円くらいなんだとか
相談するのがオススメです

…で？どこまでアリアリでいきますか？
えっ
いや、アノ、犯罪にならない程度で…

ちょこっとこぼれ話
①
法人で家賃25万円のマンションを借りる
25万の経費が発生！
借りたったー
②
社宅として社長に貸し、毎月5万円の家賃をもらう
5万の雑収入が発生！
はいお家賃
③差し引き20万円/月の節税メリットが出てくる
これだけ経費を上積みできちゃう！
節税！
節税！
法人化するとですね〜〜〜…
こーんな技も使えるんですよ
メリットたっぷり♡
さっ!!
さすがセンセは腹黒い!!

第7章

しのびよる税務調査の影

Section 1 調査はある朝突然に…

税金といえば節税。節税といえば税務調査。わっはっはっはっ、税金が安くすんだぞ、わっはっはっはっはっと喜ぶ背後に、そーっとそーっと忍び寄る恐ろしい影。それが税務調査です。

「大げさですねぇ」

「で、でもやっぱり怖いですよ。怖いからこそ、経費に何をのせるかなんてのも慎重にならざるを得ないわけで」

「なるほど、抑止力としては正しく働いてるよ……ってことなのかな。ではこの最後の授業は少し毛色を変えて、税務調査について話すことにいたしましょう」

日本の税制は申告納税制度であるために、普段は言ったもん勝ちでそのまま申告が通ってくれるのですが、数年に一度など不定期に「本当に正しく申告してますかー」と税務署から調査官がやってきたりします。これが、税務調査というわけです。

「ど、どれくらいの確率で来るわけですかコイツは」

「実調率という言葉がありまして、これが実際に調査へ入った率を示すわけなんですけどね。これによると、**個人の所得税ならだいたい1%、法人だとだいたい3~4%**が調査に入られるという統計があるようです」

やはり数字的に見ても、法人のほうが調査に入られる割合が高い……と

「調査を必要とするような収入に達してるか否かの割合もありますし、そろそろ来そうだな~と思った個人の方が法人成りしちゃうなんてケースもありますから、単純に論じることはできないですけどね」

いったん調査にやってくると、通常3年分はさかのぼりながらチェックすることになり

ます。ぶん捕れる金がたまってからやってくるという感じで、これが実にいやらしい。いっそ毎年チェックしてってくれりゃ安心できるのに。

「いったん睨まれるようなことをすれば、ちゃんと毎年来てくれるようになりますよ。それこそ鬼の形相で」

「すみませんごめんなさい、私が間違っておりました」

日本の税制は申告納税制度なので
オレの稼ぎはこんだけだー
だから税金もこれしか払わんぞー
基本的には言ったもん勝ちです

しかし、当然それで済むはずもなく
いや〜 どーもどーも
正しく申告されてますかー?
数年に一度など、不定期に調査官がやってきます

これが
さ、調査するんで帳簿を出して
え!?
税務調査

実際に来る確率は個人の場合で1%
おやおやどーしました?
ほら
さあ
早く
ん?
あ、あの
んと
毎年100人に1人がビビらされる計算です

Section 2

調査は実際のところどんな感じ？

では実際に税務調査が入ったとして、なにを調査していくことになるんでしょうか。

「帳簿と領収書ですね」

税務署内での異動が7月にある関係で、調査の行なわれる最盛期は9月～12月。基本的には事前に「調査行きまっせ～」と連絡が入ってから来ることが多いのですが、必ずそうとも限らない。犯罪のにおいなんかした日には、逆に絶対連絡はない。そんな感じで調査はやってきます。そして、帳簿が正しくつけられてるか、領収書に変なものはないか、おかしな経費はないか、通帳も見せろだあーだこーだと調べていくわけです。

「いわゆるマル査とかいうのは、犯罪調査といった色合いになりますね。悪質な所得隠し……つまりは脱税捜査。この場合は当然のことながら強制捜査という形になります」

「やっぱ怖いですね……ぶるぶる」

「アナタがこっちになることはまずないですよ。悪質に隠せるほど、アンタに所得なんかないでしょ？」

「よ、よくご存じで！」

「わかるっつーの。……ゴホン、そんな話はどうでもいいや。アナタなんかの場合は、普通調査が入りますよといったら、来るのは税務署の職員さんですね。んで、任意調査って形になります」

「あれ？　任意ってことは断ってもいいの？」

「まぁ、明らかに仕事の邪魔になるからってときは断っていいでしょうけど、向こうさんには『質問検査権』という権利がありますので、あんまし断ってばかりで調査に応じないと罰則が用意されています。だからあまり得はないですよ」

そんな感じで調査に協力することになると、帳簿を開いて一通りチェックした後「ここはおかしいんじゃないの〜」とか、「これは違うでしょ〜」とかいう話が当然飛び出してきます。

「この経費がこの勘定科目なのはおかしいとか、そんなのをつかれたりするんですかね?」

「そんなのつついたって最終的な所得金額は変わらないでしょ? じゃあ帳簿直しときますねーで終わるだけの話ですから、せいぜいなんかのついでに言われるくらいでしょうね」

「は〜、そういうもんですか」

「所得税額や消費税額の最終金額が変わらないものは、問題にしてもしょうがないんですよ」

では何が問題になりやすいのかというと、たとえば**光熱費や車などの按分比率**。自家用に何%使用して、仕事用に何%使用してます〜という項目ですね。このあたりが「え〜どうなの? 100%仕事用とかにしてるけど、この車だってちょっとは家の買い物に使ったりしてんじゃないの～?」とかつっこまれてくるわけですね。

え? 仕事用100%にしてるんだけど、なぜか後部座席にチャイルドシートがついている?

調査のときは、隠しておきましょうね。

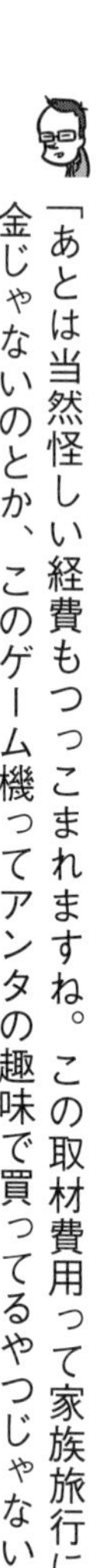

「あとは当然怪しい経費もつっこまれますね。この取材費用って家族旅行に行った金じゃないのとか、このゲーム機ってアンタの趣味で買ってるやつじゃないのとか」

「なんか想像しただけで背中にイヤな汗が流れますです」

「はっはっはっ、むこうさんもとりあえず全部言っといてみるかって節がありますから、言われたら従わなきゃってもんじゃないんですよ。逆にハイハイ聞いてちゃダメ。ちゃんとこれこれこういう仕事で必要だった経費ですって主張しなきゃね」

ようするにあれですな、「経費として積んじゃったもん勝ち」と、「経費じゃないとハネちゃったもん勝ち」の、両者がとりあえず言ってみちゃえって主張しあうところからスタートするわけですぞ……と。

「はい、その通り」

とはいえ、そんな主張してばかりだと一向に前には進みません。平行線のまんまです。これって、どのへんが落としどころとして落ち着いていくものなんでしょか。

「は！　よく耳にする『オミヤゲを持たせる』とかいうやつが、ここでバーンと飛び出してくるわけですか⁉」

「ははは、よく耳にしますねー確かに。でも、そんなケース見たことないけどなぁ」

「え？　じゃあ違うんだ」

「まぁわざわざオミヤゲは用意しないまでも、これとこれとこれは認めて修正申告するから、そのへんで手打ちにしましょうよ……という会話は出てきますかね。ポイントは『**修正申告しますから**』ってとこね」

税務調査が入った場合、最後のしめはどうなるのかというと、「これで確定しました」となって終わりを迎えることになります。ところがじつはその終わりって、2種類あるんですね。確定になった内容でこちらが修正申告をするケースと、税務署さん側が「お前の税金はこれだ！」と勝手に決めちゃってこちら側に押しつけてくるケース。ちなみに後者のことを「更正」と呼びます。

「ところが税務署さん側にしてみたら、この更正ってのはやりたくないんですよ」

「え？ なんでですか？ 勝手に決めて終わりにできるんなら話が早くていいじゃないですか？」

「いやいや、逆にめんどくさいんです。アナタがあくまでもその内容を認めないとなって再調査の請求とかした日には、やれ裁判だーとなって延々ひっぱられることになっちゃいますから」

その点修正申告であれば、それは本人が本人の意志に基づいて修正を申告したってことだから……。

「おお、もめる要素がなくて綺麗さっぱり終わりにできると」

「そう。だからそこをついてですね、『そういうことにしてやるから、ここで終わろうぜ』とニコやかに話し合うわけですよ。クククク……」

「なるほどー、ククククク」

税務調査でチェックが入るのは…
家事関連費などの按分比率や
たとえば
車や…
家賃
とか…
なーんか怪しいんじゃないのー？という経費たち
この「ヨシムラのマフラー10万円」…って
なんすかコレ

こっちは「言ったもん勝ち」むこうは「ハネたもん勝ち」
ギギギ
グギガ
アガガ〜
ウギギ
なので当然つな引きが行われるわけですが…

どちらの側も本音を言えば
「めんどくさいのはイヤだな」
ポン
ポ
…となるので、修正申告であっさりカタをつけたいところ

「これとこれ認めるからこのヘンで手をうちましょ？」
ニコやかに
つとめてニコやかに
うふふふふふ
負けるが勝ちのこれが大人の処世術です

Section 3

税務調査の後始末いろいろ

う〜ん、税務調査イコールつるし上げをくらう、責め立てられる、金をぶん捕られる、挙げ句にひょっとしたら逮捕されちゃう？　……なんて思っていた私なのですが、なんかあれですね、あんまり「怖い！」って感じじゃないですね。

話し合いの場を持って、帳簿を確認して、双方の言い分をふまえたうえで落ち着くところに話が落ち着いて、ズレが出た分の税金を支払って帳尻あわせてはい終了……と。なんだかやっぱり随分温厚な気がします。いや怖いは怖いですけども。

「そもそも帳簿にミスが見つかったら、やたらと責め立てられてイタイイタイ追徴課税を喰らうってイメージがあったんですけど、そのへんどうなんですか？」

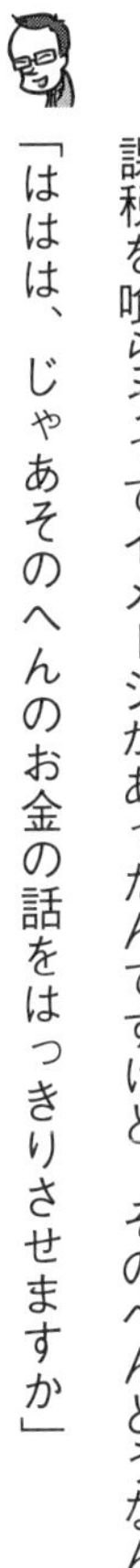

「ははは、じゃあそのへんのお金の話をはっきりさせますか」

税務調査を受けた後の後始末として、まず修正申告を行なうか税務署からの更正をくらうかの2種類があるというのは述べた通り。なにせそうした結末をもって「確定」と相成って、じゃあ清算いたしましょうかとなるわけです。

「で、税金の2倍とか3倍とかを召し上げられるわけですよね？」

「んなこたあるわきゃない。いや、脱税で刑事裁判とかになれば別でしょうけども」

普通に帳簿をつけていたのだけど、調査の結果で「あれぇ、これは按分比率おかしくないですか～」とか、そのへんの修正があったとします。経費の額が変わっちゃうので、当然税金は増えることになり、「じゃあ足りない分払ってね～」とあいなります。このときに追加で課せられてしまうのが「**過少申告加算税**」と「**延滞税**」のふたつです。

過少申告加算税がいわば罰則的な追加の税金になるのですが、これの額といったら「**追**

加で支払う税額の原則として10%」のみ。だから「バンバンはじかれちゃって、年間の経費が10万円も低くなっちゃったよ～」なんていったって、最低税率の5%なら追加で払う税額は5千円で、過少申告加算税はその10分の1だから5百円のみですむわけです。ちなみにコイツって、調査で見つかっちゃったとかじゃなく、自主的に修正申告した場合には取られません。

「あれ？　そんなもんなんですか？　あ、わかった、延滞税がえげつないんだ。かなり過去のところまでさかのぼって、高い利子をぶん捕るとか、そんなのじゃないんですか？」

「そう思いますか？」

延滞税として取られるのは、追加で払う税額に**年利8・8%程度を日割り計算した金額**です。ただし最初の2か月間は別計算になっていて、年2・5%程度と低くなっています。しかもこいつは1年で止まるんです。だから3年前の帳簿でミスが見つかったとしても、払う利息分は1年分だけですむ。つまりは最大でも追加で払う額の8・8%程度が上限だってことです。

「ようするにですね、普通に帳簿をつけて、普通にガンガン経費をのっけてって……という限り、税務署側と見解の相違が出て『支払いなさい』となったところで、せいぜい本来払うはずだった税額の2割増し程度なんですよ。しかも2割増しっていったって、追加分に対して2割増しってだけだから、実質はもっと下ですよね」

たとえば「これは経費で認められるかな～?」と不安になるようなのを10個計上したとします。それぞれ1万円のブツだったとすると、所得税率を5%で考えた場合、これでその年の税金が5千円安くなったことになる。ところが税務署さんがクレームをつけてきて、うち7個がダメ出しされたとしましょう。そうすると、当然その分で浮かせていた税額の3千5百円はあらためて払わなきゃいけなくなる。このとき、さらに追加で払えとなるのはいくらかというと……。

そう、7百円程度なわけですよ。

「怖いな～とやたら神経質になって、なにも計上してなきゃ5千円納めるはずのとこなんです。でも、とりあえず仕事で使ったことは使ったんだから計上しとけってした場合、たとえ7割がハネられたとしても納める税金は4千2百円。ね、もし半分も認めてもらえたりしたら、じゅうぶん得になっちゃう計算なんですよ。そう考えると、しょせん見解の相違に正解なんかないんだから、臆病になるだけ損なんです」

「なるほど～」

ただし、悪質性があると判断された場合、これはちょっと話が違ってきます。

「たとえば所得隠しとか、架空の領収書をでっちあげたとか、完全に個人的なものを経費に入れていたとか、そういう脱税行為に手を染めた場合ですね」

「は、はい……どうなるんでしょうか」

「その場合は『過少申告加算税』が『**重加算税**』に化けちゃって、**追加で払う税額が35％上乗せ**とかになっちゃいます。それにプラス延滞税ですね。**この場合の延滞税は1年分で止まりません**ので、3年分でも4年分でもドカドカのっかってきます」

「おお～怖い……って、あれ？　でもそんなもんなんですか？」

「内容によっては刑事罰、罰金や懲役刑が加わるでしょうから、ヒドイ場合はそっちでバランス取るんでしょうな」

「な、なるほど……」

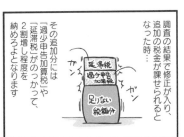

調査の結果で修正が入り、追加の税金が課せられるとなった時…
延滞税
過少申告加算税
足りない税額分
ガン
ガン
その追加分には「過少申告加算税」や「延滞税」がのっかって、2割増し程度を納めろよとなります

所得隠しとかみたいに悪質じゃない場合はそれでオシマイ
うおおおぉぉ
そんなにもぉ…って
あれ？そんなもんなの？
コクッ
…そう、それだけでオシマイなのですね

「だからアリアリでいっちまえと言うわけですよ」
「なるほどアリアリでいいワケですな」

Section 4 対策には何がある

それじゃあ最後に、税務調査に対する対策ってもんを、ちょっと考えてみるといたしましょう。

調査に入るきっかけは様々ですが、「売上」「利益」「利益率」「交際費などの数値異常」といった項目を参考に、「儲かってるからちょっと行っとくか」とか「こりゃ怪しいぞ」となるケースが多いようです。今挙げた項目の順番は、そのまま注目されやすい順にもなっていて、こいつらの変動幅があまりに目につくようだと、怪しいぞランプがピカピカ灯る仕組みというわけです。

「ってことは……」

「帳簿上で例年通り変化がないってとこは、若干でしょうが来る確率は減りますねってことかな」

確実な話ではないですけどもね。つまりはそれが、調査前にうてる対策だと。

では調査に入られてしまった後……となると、どんな対策が考えられるでしょうか。

「まぁ、対策もなにも、普通に応対して普通に主張するだけですね。おかしなことをしてない限り、基本的にはどれが経費として認められるか否かが論点になるので、ちゃんと『どういう理由で仕事に必要な出費であったのだ』という説明をして、きっちり始末をつけていくことです」

「むぅ、普通の話ですね」

「そりゃそうですよ、脱税指南ではないのですから」

ちなみに自分で応対する自信がないよーという場合には、そのときだけ税理士さんの立ち会いを依頼するというのもひとつの手です。依頼料はだいたい日額5万円～6万円。これを安いと見るか高いと見るかはその人次第ではありますが。

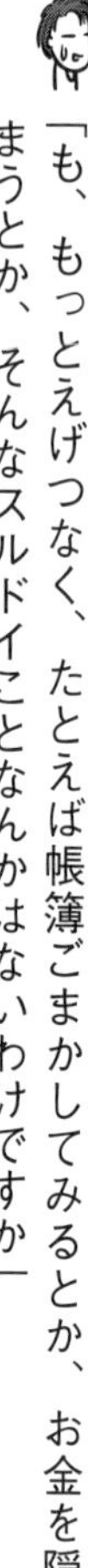

「も、もっとえげつなく、たとえば帳簿ごまかしてみるとか、お金を隠し金庫にしまうとか、そんなスルドイことなんかはないわけですか」

「アンタ、テレビや映画の見過ぎ。そんなことをしてたら捕まりますよホントに」

しかしなんだか一方的に難癖をつけられて、一方的に税金を召し上げられていくような、そんな血も涙もないイメージがあるんですよね。それだけに、なにかこう「一矢報いる」的なザマアミロコノヤロな攻め方というのを、せめてひとつは持ちたいじゃないですか。

「ふむ、そういう意味では、最後の最後に残された手がそれに該当するのかな」

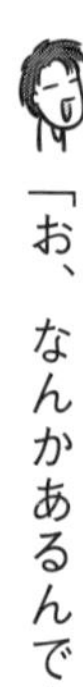

「お、なんかあるんですね。ワクワク」

「前にも出てきた再調査の請求……というやつですね。徹底的に認めないぞー更正でもなんでもしてみやがれーと意地を張り通して、それで更正されたら今度は再調査の請求をして、それでもダメなら国税不服審判所、最終的には裁判で争うぞと」

それ、確かに攻めてますけどあまりに先っちょが尖りすぎてます。

「ま、あんまり論外なマネはしないようにして、数年に1回の税務調査は『帳簿を見直すよい機会』、んでもってちょこっと取られちゃう加算税あたりは、『見直ししてもらった手数料』だと思えば一番平和なんじゃないですかね」

「うわ！　最後になってなんか綺麗にまとめようとしてる！」

「あったりまえでしょう。税理士は表と裏の二面性が大事なんですよ」

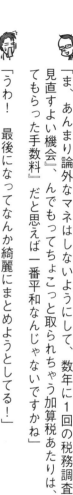

では皆さん、最後のしめは「税金はほどほどにちゃんと払いましょうね」ということで。

帳簿類を
売上
利益
バランスを大切に
利益率
交際費
いくらきれいに取り繕っても

いざという時には再調査の請求をしてでもとことん争ってやるぜ
ガルル
ガルルル
…と、無駄に力んでみようとも

安全確実100%な
ズドン
DANGER
うおっ
とっと…
対策なんぞはアリマセン

ただね、えげつないことしなきゃえげつないことはされないワケだから…
合法的に
ハイ
普通に主張するとこは主張しながら、「節税」を心がければよいのです

閉講のおしらせ

さてさて、7章にわたってお送りしてきた『フリーランスの笑うぶっちゃけ税金講座』、お楽しみいただけましたでしょうか。おもしろかったですか？　タメになりましたですか？

「肝心のアナタはどうなんですか？」

「腹黒くなりました」

いいのか、それ？

少しマジメな話をすると、講義を受けて最初に目からウロコだったのが、「勘定科目なんかなんでもいい」です。けっきょく税額が問題なくわかればいいんでしょ……とは思いつつも、そんなんじゃすまない事細かな難癖をつけて、「こう書いてないからこの項目は経費と認めることはできん！」とか言われる世界かと思い込んでいたのです。ところがこの言葉を聞いて、ああ違うんだ……と。

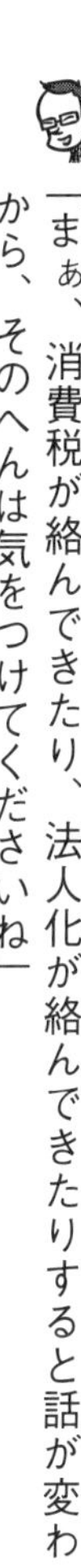

「収入を分散させることで税率を下げるとか、そんなあたりも確かにタメになったんですが、やっぱり一番の収穫というのは『思ってたよりもアバウトで許されるんだ』ってことですね」

きっちりやらないといけないなんて思うから、難しそうだなぁと苦手意識が先走るようになって、「だったら面倒じゃない白色申告でいいんじゃないの？」なんて気持ちもありました。けど、アバウトでも許されるとなれば話は違います。だったらがんばって節税の道をひた走ってやるぜなのです。

「まぁ、消費税が絡んできたり、法人化が絡んできたりすると話が変わってきますから、そのへんは気をつけてくださいね」

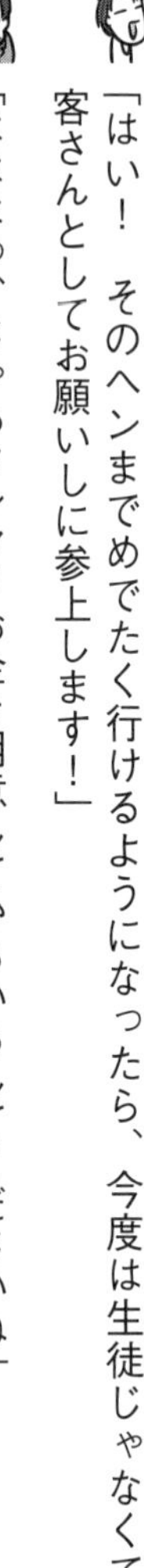
「はい！　そのヘンまでめでたく行けるようになったら、今度は生徒じゃなくてお客さんとしてお願いしに参上します！」

「ははは っ、じゃあタンマリお金を用意してからいらしてくださいね」

「あ、あれ？　生徒さん特別価格とかにはならないのですか？」

「甘えたこと言ってちゃいけません」

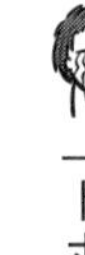
「トホホのホ……」

さて、本書の執筆にあたっては、「細かい帳簿の書き方～」だとか、「細かい申告の仕方～」といったようなマニュアル的内容は極力含まない方針で臨みました。それらに関しては他にいくらでも本があるでしょうから、こっちはそうじゃない内容にしましょうよ……と、そんなスタンスであったわけです。そして、それらを削った代わりとして、「なぜ？」「どうして？」的な理屈部分や、根本的な考え方、やがて待つであろう未来に向けての備えといった項目にページ数をさきました。

「記帳する際は、ちゃんと宛名や用途が記された領収書を用意して、適切な勘定科目に振り分けましょう」「本を買った場合には、ちゃんと領収書には品名までしっかりと書いてもらいましょう」「レシートではなくて、ちゃんと手書きの領収書をもらいましょう」「ちゃんと…しましょう」「ちゃんと…しましょう」……などなど、税金に関する本を開けば、決まってこんな言葉たちに出会います。

『だって、めんどくさいやん』

そうした本を読んで思うのは、いつもその一言でした。本当にそうじゃないとダメなの？ その答えは、どの本を見ても書いてありませんでした。

だからこそ、そうした諸々を聞いてみました。せっかくの機会です。そして、聞いたそのままを記してみたわけです。

自分にとっては、「やっぱりそれでいいんじゃんか」なんてことがいっぱい詰まった本になってくれたと、そんなふうに思っています。

「いやぁよかったよかった。いや、おもしろいですよコレ。タメにもなりますしいいですよ」

あいかわらず担当さんはさわやかに笑っています。

そんなこんなではじまり、そんなこんなで終わりを迎えたこの講座。いかがでしたでしょうか。できれば読者の皆さんにとっても、担当さんと同じように「楽しめて」かつ「タメになる」本でありましたように……。ただそう願うばかりです。

数多くある税金本の中からこの一冊を手に取り、そして最後までお付き合いいただけたこと、非常に嬉しく思います。本当にありがとうございました。

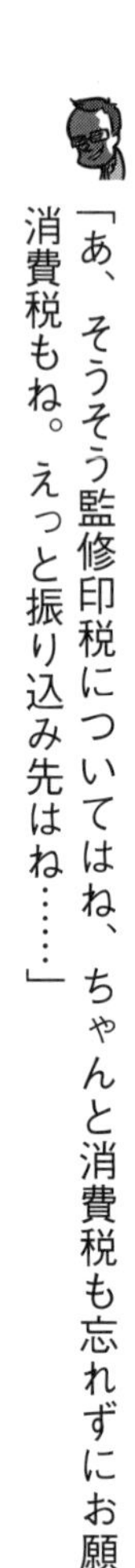

「あ、そうそう監修印税についてはね、ちゃんと消費税も忘れずにお願いしますよ
消費税もね。えっと振り込み先はね……」

「わ、わかりました先生。それはまた後で、後で……ね」

……というわけで、ドタバタながらもこれにて閉講です。さよ〜なら〜。

２００５年12月　きたみりゅうじ

改訂版あとがき

本書の初版を書いたのは2005年のこと。今から15年前になります。明け方のしらんだ空の下、娘の幼稚園の入園申し込みの列に並びながら、必死にノートパソコンで原稿を書いていたのを思い出します。

開講のおしらせでも書いたように、あの頃はフリーランス向けの本なんてぜんぜんありませんでした。それが今はフリーランスという働き方もずいぶん珍しくないものとなり、そうした方面に向けた本も、数え切れないくらい市場に出回るようになりました。そんな中、長い間定番書として扱っていただき、同業の方に会えば「この本に助けられました」と嬉しいお声をいただくことも一度や二度ではありません。本当にありがたいことだらけの15年間でした。

しかし毎年修正は入れていたものの、それだけの期間があるとどうしても注釈が増え、わかりづらくなってくるところ、そして新しく増えた税制など、本のまとまりを欠く事柄が出てきます。

フリーランスという働き方が当たり前になってきたからこそ、あらためて今の人たちに「わかりやすく」再構成を。そうした気持ちで加筆修正を施した改訂版となります。

この本が、また誰かの助けになれたとしたら、こんなに嬉しいことはありません。ここまで読んでいただき、ありがとうございました。

２０２０年10月　きたみりゅうじ

きたみりゅうじ
もとは企業用システムの設計・開発、おまけに営業をなりわいとするなんでもありなプログラマー。あまりになんでもありでほとほと疲れ果てたので、他社に転職。その会社も半年であっさりつぶれ、移籍先でウィンドウズのパッケージソフト開発に従事するという流浪生活を送る。
本業のかたわらウェブ上で連載していた4コマまんがをきっかけとして書籍のイラストや執筆を手がけることとなり、現在はフリーのライター&イラストレーターとして活動中。遅筆ながらも自身のサイト上にて1コマ日記や4コマまんがを現在も連載中。
https://oiio.jp/

◎主な著書
『SEのフシギな生態～失敗談から学ぶ成功のための30ヶ条～』(技術評論社)
『SEのフシギな職場～ダメ上司とダメ部下の陥りがちな罠28ヶ条～』(技術評論社)
『フリーランスはじめてみましたが…』(技術評論社)
『新卒はツラいよ!』(幻冬舎)
『Dr.きたみりゅうじのSE業界ありがち勘違いクリニック』(講談社)
『人生って、大人になってからがやたら長い』(幻冬舎)
『キタミ式イラストIT塾 ITパスポート』『キタミ式イラストIT塾 基本情報技術者』『キタミ式イラストIT塾 応用情報技術者』(以上、技術評論社)
『改訂5版 図解でよくわかる ネットワークの重要用語解説』(技術評論社)、などがある。

令和改訂版　フリーランスを代表して申告と節税について教わってきました。

2005年12月10日　初版発行
2020年11月1日　最新2版発行
2022年2月1日　第3刷発行

著者　きたみりゅうじ

発行者　杉本淳一

発行所　株式会社日本実業出版社　東京都新宿区市谷本村町3−29　〒162-0845
編集部　☎03-3268-5651
営業部　☎03-3268-5161　振替　00170−1−25349
https://www.njg.co.jp/

印刷/厚徳社　製本/共栄社

ISBN 978-4-534-05812-6　Printed in JAPAN